ナポレオン

——最後の専制君主、最初の近代政治家

杉本淑彦
Yoshihiko Sugimoto

岩波新書
1706

岩波ジュニア新書

856 敗北を力に！ 甲子園の敗者たち　元永知宏著

甲子園での敗北は、選手のその後の人生にどんな影響を与えたのか？ 激闘を演じ、最後に敗れた甲子園球児の「その後」を追う。

857 世界に通じるマナーとコミュニケーション ―つながる心、英語は翼―　横手尚子 横山カズ著

マナーの基本5原則、敬語の使い方、気持ちを伝える英語など、国際化時代に必要な、実践で役立つマナーの基本を紹介します。

858 漱石先生の手紙が教えてくれたこと　小山慶太著

漱石の書き残した手紙は、小説とは違った感慨を読む者に与える。綴られる励まし、ユーモアは、今を生きる人にもエールとなるだろう。

859 マンボウのひみつ　澤井悦郎著

光る、すぐ死ぬ、人を助けた、3億個産卵……数々の噂は本当か？ 捨身の若きハカセによって、怪魚の正体が、いま明らかに――。［カラー頁多数］

860 自分のことがわかる本 ―ポジティブ・アプローチで描く未来―　安部博枝著

「自分の強み」を見つける自分発見シートや「なりたい自分」に近づくプランシートなど実践的なワークを通して未来を描く自己発見マニュアル。

861 農学が世界を救う！ ―食料・生命・環境をめぐる科学の挑戦―　生源寺眞一 太田寛行 安田弘法 編著

くらしを豊かにし、自然環境を保全し、生き物たちの役に立つ――。地球全体から顕微鏡で見る世界まで、農学には可能性と夢がある！

862 私、日本に住んでいます　スベンドリニ・カクチ著

日本に住む様々な外国人を紹介します。彼らはなぜ日本に住み、どんな生活をしているのでしょう？ 多文化共生のあり方を考えるヒント。

863 短歌は最強アイテム ―高校生活の悩みに効きます―　千葉聡著

熱血教師で歌人の著者が、現代短歌を通じて学校生活の様子や揺れ動く生徒たちの心模様を描く青春短歌エッセイ。短歌を通じて、高校生にエールを送る。

848 財政から読みとく日本社会 ―君たちの未来のために― 井手英策著
日本の財政のなりたちをわかりやすく解説し、新しい社会への選択肢を考えます。誰もが安心してくらせる社会をつくるためにできることは？

849 正しいコピペのすすめ ―模倣、創造、著作権と私たち― 宮武久佳著
デジタル機器やネットの普及でコピーが日常行為になった今、知っておくべきルールとは？ 論文やレポートにも役立つ著作権の入門書。

850 聖徳太子 ―ほんとうの姿を求めて― 東野治之著
仏像に残された銘文や、自筆とされるお経の注釈書など、さまざまな手がかりを読み解き、太子の謎の実像に迫ります。調べて考える歴史学って面白い！

851 日本一小さな農業高校の学校づくり―愛農高校、校舎たてかえ顛末記 品田茂著
自主自立を学び、互いを尊重しあえる人を育む教育で知られる愛農高校のユニークな校舎づくり。みんなで力を合わせてつくった自分たちの学びの場とは？

852 東大留学生ディオンが見たニッポン ディオン・ン・ジェ・ティン著
大好きな国・ニッポンに留学したディオンの見聞録。東大での日々で同世代や社会に感じた異論・戸惑い・共感を率直に語る。国際化にむけても示唆に富む一冊。

853 中学生になったら 宮下聡著
勉強や進路、友達との関係に悩む中学生の日常に寄り添って、充実した三年間を送る方法をアドバイス。自ら考え判断し、行動する力を身につけたい生徒に最適。

854 質問する、問い返す ―主体的に学ぶということ― 名古谷隆彦著
「主体的に学ぶ」とは何か、「考える」とはどういうことなのか。多くの学校現場の取材をもとに主体的に学ぶことの意味を探る。

855 読みたい心に火をつけろ！ ―学校図書館大活用術― 木下通子著
学校図書館には、多様な注文をもった生徒たちがやってくる。学校司書として生徒の「読みたい」「知りたい」に応える様子を紹介。本を読む楽しさや意義も伝える。

岩波新書/最新刊から

2010
〈一人前〉と戦後社会
――対等を求めて――
禹宗杬・沼尻晃伸 著
弱い者が〈一人前〉として、他者と対等にふるまうことで社会を動かしてきた。私たちの原動力を取り戻す方法を歴史のなかに探る。

2011
魔女狩りのヨーロッパ史
池上俊一 著
ヨーロッパ文明が光を放ち始めた一五〜一八世紀、魔女狩りという闇が口を開いたのはなぜか。進展著しい研究をふまえ本質に迫る。

2012
ピアノトリオ
――モダンジャズへの入り口――
マイク・モラスキー 著
日本のジャズ界でも人気のピアノトリオ。エヴァンスなどの名盤を取り上げながら、その歴史を紐解き、具体的な魅力、聴き方を語る。

2013
スタートアップとは何か
――経済活性化への処方箋――
加藤雅俊 著
経済活性化への期待を担うスタートアップ。アカデミックな知見に基づきその実態を見定め、「挑戦者」への適切な支援を考える。

2014
罪を犯した人々を支える
――刑事司法と福祉のはざまで――
藤原正範 著
「凶悪な犯罪者」からはほど遠い、社会復帰のために支援を必要とするリアルな姿。司法と福祉の溝を社会はどう乗り越えるのか。

2015
日本語と漢字
――正書法がないことばの歴史――
今野真二 著
漢字は単なる文字であることを超えて、日本語に影響を与えつづけてきた。さまざまなかたちから探る、「変わらないもの」の歴史。

2016
頼山陽
――詩魂と史眼――
揖斐高 著
詩人の魂と歴史家の眼を兼ね備えた稀有な文人の生涯を、江戸後期の文事と時代状況のなかに活写することで、全体像に迫る評伝。

2017
ひらがなの世界
――文字が生む美意識――
石川九楊 著
ひらがな＝女手という大河を遡ってその源流を探り、「つながる文字」の本質に迫る。貫之の名品から顔文字、そしてアニメまで。

(2024.6)

岩波新書より

働きすぎの時代◆　森岡孝二
桜が創った「日本」　佐藤俊樹
生きる意味　上田紀行
社会起業家◆　斎藤槙
逆システム学◆　金子勝　児玉龍彦
男女共同参画の時代　鹿嶋敬
当事者主権　中西正司　上野千鶴子
豊かさの条件　暉峻淑子
クジラと日本人　大隅清治
人生案内　落合恵子
若者の法則　香山リカ
自白の心理学　浜田寿美男
原発事故はなぜくりかえすのか　高木仁三郎
日本の近代化遺産　伊東孝
証言 水俣病　栗原彬編
日の丸・君が代の戦後史◆　田中伸尚
コンクリートが危ない　小林一輔
東京国税局査察部　立石勝規

バリアフリーをつくる　光野有次
ドキュメント屠場　鎌田慧
能力主義と企業社会　熊沢誠
現代社会の理論　見田宗介
原発事故を問う◆　七沢潔
災害救援　野田正彰
スパイの世界　中薗英助
都市開発を考える　大野輝之　レイコ・ハベ・エバンス
ディズニーランドという聖地　能登路雅子
原発はなぜ危険か◆　田中三彦
豊かさとは何か　暉峻淑子
農の情景　杉浦明平
異邦人は君ヶ代丸に乗って　金賛汀
読書と社会科学　内田義彦
文化人類学への招待◆　山口昌男
ビルマ敗戦行記　荒木進
プルトニウムの恐怖　高木仁三郎
日本の私鉄　和久田康雄
社会科学における人間　大塚久雄

女性解放思想の歩み　水田珠枝
沖縄ノート　大江健三郎
沖縄　比嘉春潮
民話　関敬吾
唯物史観と現代〔第二版〕　梅本克己
民話を生む人々　山代巴
米軍と農民　阿波根昌鴻
沖縄からの報告　瀬長亀次郎
結婚退職後の私たち　塩沢美代子
ユダヤ人◆　J-P・サルトル　安堂信也訳
社会認識の歩み◆　内田義彦
社会科学の方法　大塚久雄
自動車の社会的費用　宇沢弘文
上海　殿木圭一
現代支那論　尾崎秀実

(2023.7)　◆は品切，電子書籍版あり．(D4)

岩波新書より

- 金沢を歩く　山出　保
- ドキュメント 豪雨災害　稲泉　連
- ひとり親家庭　赤石千衣子
- 女のからだ フェミニズム以後　荻野美穂
- 〈老いがい〉の時代◆　天野正子
- 子どもの貧困 II　阿部　彩
- 性と法律　角田由紀子
- ヘイト・スピーチとは何か◆　師岡康子
- 生活保護から考える◆　稲葉　剛
- かつお節と日本人　宮内泰介・藤林　泰
- 家事労働ハラスメント　竹信三恵子
- 福島原発事故 県民健康管理調査の闇◆　日野行介
- 電気料金はなぜ上がるのか◆　朝日新聞経済部
- おとなが育つ条件　柏木惠子
- 在日外国人〔第三版〕　田中　宏
- まち再生の術語集　延藤安弘
- 震災日録 記憶を記録する◆　森まゆみ
- 原発をつくらせない人びと　山秋　真

- 社会人の生き方◆　暉峻淑子
- 構造災 科学技術社会に潜む危機　松本三和夫
- 家族という意志◆　芹沢俊介
- ルポ 良心と義務　田中伸尚
- 夢よりも深い覚醒へ◆　大澤真幸
- 3・11 複合被災◆　外岡秀俊
- 子どもの声を社会へ　桜井智恵子
- 就職とは何か◆　森岡孝二
- 日本のデザイン　原　研哉
- ポジティヴ・アクション　辻村みよ子
- 脱原子力社会へ◆　長谷川公一
- 希望は絶望のど真ん中に　むのたけじ
- アスベスト 広がる被害　大島秀利
- 原発を終わらせる　石橋克彦編
- 日本の食糧が危ない　中村靖彦
- 希望のつくり方　玄田有史
- 生き方の不平等◆　白波瀬佐和子
- 同性愛と異性愛　風間　孝・河口和也
- 新しい労働社会　濱口桂一郎

- 世代間連帯　上野千鶴子・辻元清美
- 道路をどうするか　五十嵐敬喜・小川明雄
- 子どもの貧困　阿部　彩
- 子どもへの性的虐待◆　森田ゆり
- テレワーク 「未来型労働」の現実　佐藤彰男
- 反貧困　湯浅　誠
- 不可能性の時代　大澤真幸
- 地域の力　大江正章
- 少子社会日本　山田昌弘
- 親米と反米　吉見俊哉
- 「悩み」の正体　香山リカ
- 変えてゆく勇気◆　上川あや
- 戦争で死ぬ、ということ　島本慈子
- ルポ 改憲潮流　斎藤貴男
- 社会学入門　見田宗介
- 冠婚葬祭のひみつ　斎藤美奈子
- 少年事件に取り組む　藤原正範
- 悪役レスラーは笑う◆　森　達也
- いまどきの「常識」◆　香山リカ

岩波新書より

認知症フレンドリー社会	徳田雄人
アナキズム 一丸となってバラバラに生きろ	栗原　康
まちづくり都市 金沢	山出　保
総介護社会	小竹雅子
賢い患者	山口育子
住まいで「老活」	安楽玲子
現代社会はどこに向かうか	見田宗介
EVと自動運転 クルマをどう変えるか	鶴原吉郎
ルポ 保育格差◆	小林美希
棋士とAI	王　銘琬
科学者と軍事研究	池内　了
原子力規制委員会	新藤宗幸
東電原発裁判	添田孝史
日本問答	田中優子 松岡正剛
日本の無戸籍者	井戸まさえ
〈ひとり死〉時代のお葬式とお墓	小谷みどり
町を住みこなす	大月敏雄
歩く、見る、聞く 人びとの自然再生	宮内泰介
対話する社会へ	暉峻淑子
悩みいろいろ	金子　勝
魚と日本人 食と職の経済学	濱田武士
ルポ 貧困女子	飯島裕子
鳥獣害 動物たちと、どう向きあうか	祖田　修
科学者と戦争	池内　了
新しい幸福論	橘木俊詔
ブラックバイト 学生が危ない	今野晴貴
原発プロパガンダ	本間　龍
ルポ 母子避難	吉田千亜
日本にとって沖縄とは何か	新崎盛暉
日本病 長期衰退のダイナミクス◆	金子　勝 児玉龍彦
雇用身分社会	森岡孝二
生命保険とのつき合い方◆	出口治明
ルポ にっぽんのごみ	杉本裕明
鈴木さんにも分かるネットの未来	川上量生
地域に希望あり◆	大江正章
世論調査とは何だろうか◆	岩本　裕
フォト・ストーリー 沖縄の70年	石川文洋
ルポ 保育崩壊	小林美希
多数決を疑う 社会的選択理論とは何か	坂井豊貴
アホウドリを追った日本人	平岡昭利
朝鮮と日本に生きる	金　時鐘
被災弱者	岡田広行
農山村は消滅しない	小田切徳美
復興〈災害〉	塩崎賢明
「働くこと」を問い直す	山崎　憲
原発と大津波 警告を葬った人々	添田孝史
縮小都市の挑戦	矢作　弘
福島原発事故 被災者支援政策の欺瞞	日野行介
日本の年金◆	駒村康平
食と農でつなぐ 福島から◆	塩谷弘康 岩崎由美子
過労自殺〔第二版〕◆	川人　博

岩波新書より

近代国家への模索 1894-1925　川島　真
革命とナショナリズム 1925-1945　石川禎浩
社会主義への挑戦 1945-1971　久保　亨
開発主義の時代へ 1972-2014　高原明生・前田宏子
中国の近現代史をどう見るか　西村成雄

シリーズ アメリカ合衆国史

植民地から建国へ 19世紀初頭まで　和田光弘
南北戦争の時代 19世紀　貴堂嘉之
20世紀アメリカの夢 世紀転換期から一九七〇年代　中野耕太郎
グローバル時代のアメリカ 冷戦時代から21世紀　古矢　旬

シリーズ 歴史総合を学ぶ

世界史の考え方　小川幸司・成田龍一 編
歴史像を伝える　成田龍一
世界史とは何か　小川幸司

岩波新書より

ノモンハン戦争 モンゴルと満洲国　田中克彦
中国という世界　竹内実
ウィーン 都市の近代　田口晃
紫禁城　入江曜子
ジャガイモのきた道　山本紀夫
創氏改名　水野直樹
フランス史10講　柴田三千雄
地中海　樺山紘一
多神教と一神教　本村凌二
奇人と異才の中国史　井波律子
ドイツ史10講　坂井榮八郎
ナチ・ドイツと言語　宮田光雄
ニューヨーク◆　亀井俊介
離散するユダヤ人　小岸昭
現代史を学ぶ　溪内謙
アメリカ黒人の歴史〔新版〕　本田創造
文化大革命と現代中国　安藤正士・太田勝洪・辻康吾
フットボールの社会史　F・P・マグーンJr／忍足欣四郎訳

コンスタンティノープル千年　渡辺金一
ペスト大流行　村上陽一郎
ピープス氏の秘められた日記　臼田昭
中世ローマ帝国　渡辺金一
モロッコ　山田吉彦
シベリアに憑かれた人々　加藤九祚
インカ帝国◆　泉靖一
中国の隠者　富士正晴
漢の武帝◆　吉川幸次郎
孔子　貝塚茂樹
中国の歴史 上・中・下◆　貝塚茂樹
インドとイギリス　吉岡昭彦
アリストテレスとアメリカ・インディアン　L・ハンケ／佐々木昭夫訳
フランス革命小史◆　河野健二
魔女狩り　森島恒雄
風土と歴史　飯沼二郎
ヨーロッパとは何か　増田四郎
世界史概観 上・下　H・G・ウェルズ／長谷部文雄・阿部知二訳

歴史の進歩とはなにか◆　市井三郎
歴史とは何か　E・H・カー／清水幾太郎訳
フランス ルネサンス断章　渡辺一夫
チベット　多田等観
奉天三十年 上・下　クリスティー／矢内原忠雄訳
ドイツ戦歿学生の手紙　ヴィットコップ編／高橋健二訳
アラビアのロレンス 改訂版◆　中野好夫

シリーズ 中国の歴史
中華の成立 唐代まで　渡辺信一郎
江南の発展 南宋まで　丸橋充拓
草原の制覇 大モンゴルまで　古松崇志
陸海の交錯 明朝の興亡　檀上寛
「中国」の形成 現代への展望　岡本隆司

シリーズ 中国近現代史
清朝と近代世界 19世紀　吉澤誠一郎

哲学入門　三木清

哲学・思想

アリストテレスの哲学	中畑正志
スピノザ	國分功一郎
哲人たちの人生談義 ストア哲学をよむ	國方栄二
西田幾多郎の哲学	小坂国継
死者と霊性	末木文美士編
道教思想10講	神塚淑子
マックス・ヴェーバー	今野元
新実存主義	マルクス・ガブリエル 廣瀬覚訳
日本思想史	末木文美士
ミシェル・フーコー	慎改康之
ヴァルター・ベンヤミン	柿木伸之
モンテーニュ 人生を旅するための7章	宮下志朗
マキァヴェッリ	鹿子生浩輝
世界史の実験	柄谷行人
ルイ・アルチュセール	市田良彦
異端の時代	森本あんり
ジョン・ロック	加藤節
インド哲学10講	赤松明彦
マルクス 資本論の哲学	熊野純彦
日本文化をよむ 5つのキーワード◆	藤田正勝
中国近代の思想文化史	坂元ひろ子
憲法の無意識	柄谷行人
ホッブズ リヴァイアサンの哲学者	田中浩
プラトンとの哲学 対話篇をよむ◆	納富信留
〈運ぶヒト〉の人類学	川田順造
哲学の使い方	鷲田清一
ヘーゲルとその時代	権左武志
人類哲学序説	梅原猛
加藤周一	海老坂武
哲学のヒント◆	藤田正勝
空海と日本思想◆	篠原資明
論語入門	井波律子
トクヴィル 現代へのまなざし	富永茂樹
和辻哲郎	熊野純彦
宮本武蔵	魚住孝至
西田幾多郎	藤田正勝
丸山眞男	苅部直
西洋哲学史 近代から現代へ	熊野純彦
西洋哲学史 古代から中世へ	熊野純彦
世界共和国へ	柄谷行人
悪について	中島義道
神、この人間的なもの◆	なだいなだ
近代の労働観	今村仁司
プラトンの哲学	藤沢令夫
術語集Ⅱ	中村雄二郎
マックス・ヴェーバー入門	山之内靖
ハイデガーの思想	木田元
臨床の知とは何か	中村雄二郎
新哲学入門◆	廣松渉
「文明論之概略」を読む 上・中・下	丸山真男
術語集	中村雄二郎
死の思索	松浪信三郎

岩波新書新赤版一〇〇〇点に際して

ひとつの時代が終わったと言われて久しい。だが、その先にいかなる時代を展望するのか、私たちはその輪郭すら描きえていない。二〇世紀から持ち越した課題の多くは、未だ解決の緒を見つけることのできないままであり、二一世紀が新たに招きよせた問題も少なくない。グローバル資本主義の浸透、憎悪の連鎖、暴力の応酬――世界は混沌として深い不安の只中にある。

現代社会においては変化が常態となり、速さと新しさに絶対的な価値が与えられた。消費社会の深化と情報技術の革命は、種々の境界を無くし、人々の生活やコミュニケーションの様式を根底から変容させてきた。ライフスタイルは多様化し、一面では個人の生き方をそれぞれが選びとる時代が始まっている。同時に、新たな格差が生まれ、様々な次元での亀裂や分断が深まっている。社会や歴史に対する意識が揺らぎ、普遍的な理念に対する根本的な懐疑や、現実を変えることへの無力感がひそかに根を張りつつある。そして生きることに誰もが困難を覚える時代が到来している。

しかし、日常生活のそれぞれの場で、自由と民主主義を獲得し実践することを通じて、私たち自身がそうした閉塞を乗り超え、希望の時代の幕開けを告げてゆくことは不可能ではあるまい。そのために、いま求められていること――それは、個と個の間で開かれた対話を積み重ねながら、人間らしく生きることの条件について一人ひとりが粘り強く思考することではないか。その営みの糧となるものが、教養に外ならないと私たちは考える。歴史とは何か、よく生きるとはいかなることか、世界そして人間はどこへ向かうべきなのか――こうした根源的な問いとの格闘が、文化と知の厚みを作り出し、個人と社会を支える基盤としての教養となった。まさにそのような教養への道案内こそ、岩波新書が創刊以来、追求してきたことである。

岩波新書は、日中戦争下の一九三八年一一月に赤版として創刊された。創刊の辞は、道義の精神に則らない日本の行動を憂慮し、批判的精神と良心的行動の欠如を戒めつつ、現代人の現代的教養を刊行の目的とする、と謳っている。以後、青版、黄版、新赤版と装いを改めながら、合計二五〇〇点余りを世に問うてきた。そして、いままた新赤版が一〇〇〇点を迎えたのを機に、人間の理性と良心への信頼を再確認し、それに裏打ちされた文化を培っていく決意を込めて、新しい装丁のもとに再出発したいと思う。一冊一冊から吹き出す新風が一人でも多くの読者の許に届くこと、そして希望ある時代への想像力を豊かにかき立てることを切に願う。

（二〇〇六年四月）

竹中千春

東京大学法学部卒業，明治学院大学国際学部教授などを経て，立教大学法学部教授(2022 年退職)
専攻─国際政治，南アジア政治，ジェンダー研究
著訳書─『世界はなぜ仲良くできないの？──暴力の連鎖を解くために』(阪急コミュニケーションズ，2004)，『盗賊のインド史──帝国・国家・無法者』(有志舎，2010)，『千春先生の平和授業 2011〜2012──未来は子どもたちがつくる』(朝日学生新聞社，2012)，『サバルタンの歴史──インド史の脱構築』(ラナジット・グハほか著，岩波書店，1998)，『世界史の脱構築──ヘーゲルの歴史哲学批判からタゴールの詩の思想へ』(ラナジット・グハ著，立教大学出版会，2017)ほか

ガンディー 平和を紡ぐ人　　岩波新書(新赤版)1699

2018 年 1 月 19 日　第 1 刷発行
2024 年 7 月 25 日　第 2 刷発行

著　者　竹中千春《たけなかちはる》

発行者　坂本政謙

発行所　株式会社 岩波書店
〒101-8002 東京都千代田区一ツ橋 2-5-5
案内 03-5210-4000　営業部 03-5210-4111
https://www.iwanami.co.jp/

新書編集部 03-5210-4054
https://www.iwanami.co.jp/sin/

印刷・三陽社　カバー・半七印刷　製本・中永製本

ISBN 978-4-00-431699-2　　Printed in Japan

ガンディー略年譜

1869年　10月2日グジャラートのカティヤワール地方，ポールバンダルでカラムチャンド・ガンディーと4番目の妻プトリバーイの末っ子として生誕

1882年　カストゥルバと結婚

1888年　長男ハリラール誕生．法律を学ぶためロンドンに留学

1891年　法廷弁護士の資格を取得して帰国

1893年　南アフリカへ出発

1894年　インド人移民の請願を南アフリカの議会に提出．ナタール・インド人会議派を設立

1899年　ボーア戦争勃発．インド人衛生看護部隊を組織

1901年　家族とともに一時帰国

1902年　カルカッタで開催されたインド国民会議派年次大会に出席．ボンベイに法律事務所を開く．11月移民仲間からの要請を受け，ボーア戦争後の南アフリカに戻る

1904年　『インディアン・オピニオン』紙を発行．ナタール植民地のダーバン近郊にフェニックス農場を開く

1906年　トランスヴァール植民地のインド人移民に対するアジア人登録法案に反対し，最初のサッティヤーグラハを実施

1907年　アジアからの移民に指紋押捺を強制する「暗黒法」に抗議し，サッティヤーグラハを実施

1908年　サッティヤーグラハを扇動したとして有罪判決．ヨハネスブルグ刑務所に2か月服役(初めての投獄)．スマッツ将軍との協議に召喚され，和解し，釈放される．これに怒ったインド人による襲撃を受け負傷．半年後，政府が合意を破り，再び暗黒法を強制したため，大量の登録証を焼却するという2回目のサッティヤーグラハを実施

1909年　トランスヴァールのフォルクスルストとプレトリアで3

か月の受刑．釈放後，インド人問題を直訴するためイギリスへ．11 月まで滞在，婦人参政権運動に感銘を受ける．帰りの船の上で『ヒンド・スワラージ』を執筆し出版する

1910 年　ヨハネスブルグ近郊にトルストイ農場を設立．大英帝国の自治領として南アフリカ連邦成立

1913 年　キリスト教式ではない結婚を無効とする法案に抗議して，3 回目のサッティヤーグラハを実施．ナタール州からトランスヴァール州に違法に入国する，2000 人以上の鉱山夫を率いた大行進を組織．4 日間に 3 回逮捕される

1914 年　第一次世界大戦勃発．南アフリカを去り，イギリスで療養のため滞在

1915 年　インドに帰国．アーメダバードにアーシュラム設立

1917 年　アーメダバード郊外のサバルマティ川岸に新しいアーシュラムを建設．ビハール州のチャンパーランにて，藍農園の農民の権利を守るため，帰国後初めてのサッティヤーグラハを行い，成功に導く．4 月政府の退去命令に背いたとして，モーティハーリで逮捕され裁判にかけられるが，訴訟取り下げとなる

1918 年　2 月グジャラート州のアーメダバードで紡績工場労働争議，工場経営者は，ガンディーの 3 日間の断食(帰国後初めての断食)の後，仲裁に合意．3 月ケーダ地方の農民争議でサッティヤーグラハを実施．11 月第一次世界大戦の終結

1919 年　4 月戦後の治安強化を目指すローラット法に抗議し，全国的なハルタール(ストライキ)を組織．虐殺事件が起こり，民衆の鍛錬が足りないままにサッティヤーグラハを行った自らの判断を「ヒマラヤの誤算」と呼び，運動を停止し，サバルマティで 3 日間の断食を実施．英語版『ヤング・インディア』紙とグジャラート語版『ナヴァジヴァン』紙を週刊で発行

1920 年　インド自治連盟議長就任．非協力のサッティヤーグラハ決議

1921 年　民衆とともにいることを示すため，カーディー(手織綿

布)のみを身に着けると決断．市民不服従運動を総指揮する

1922年　チャウリ・チャウラで運動側が警察署を襲撃し，多くの犠牲者を出す事件が発生．ガンディーは市民不服従運動を停止し，5日間の断食を実施する．『ヤング・インディア』の記事が治安妨害だとして逮捕され，6年の有罪判決，イェルヴァダ刑務所に服役

1924年　獄中で執筆し始めた『南アフリカでのサッティヤーグラハの歴史』を出版

1925-28年　獄中で勧められたことをきっかけに『ナヴァジヴァン』に自伝の記事を掲載，これをまとめて『自伝――真理の実験の物語』(第1巻，1927年；第2巻，1929年)を出版

1929年　ラホールで開催された会議派年次大会は，ガンディーが提案した「完全独立」(プールナ・スワラージ)を運動の目標に採択．議会のボイコット，1月26日を「独立の日」に．ガンディーの下でのサッティヤーグラハの実施が決定される

1930年　3月12日「塩の行進」の開始，4月6日ダーンディーに到着し，海浜で塩法を破って塩を掬う．まもなく逮捕され，裁判なしにイェルヴァダ刑務所に収監

1931年　1月釈放．3月「ガンディー＝アーウィン協定」を結び，運動の停止と，新統治法案を検討するロンドン円卓会議への出席を合意．9月渡英し，唯一の会議派代表として円卓会議に参加．12月帰国，市民不服従運動を再開

1932年　1月ボンベイにて逮捕され，イェルヴァダ刑務所に服役．9月「不可触民」に分離選挙区を導入するという新統治法案に抗議し，獄中で断食を開始．イギリス政府がこの案を撤回し，「マクドナルド首相の裁定」を発表

1933年　『ヤング・インディア』紙に代えて『ハリジャン』紙の発行を開始．サバルマティを閉鎖．不可触民差別撤廃を掲げ，10か月の全国行脚．カストゥルバの逮捕

1934年　三度のガンディー暗殺未遂事件．全インド・農村手工業組合を設立

1939年　第二次世界大戦開始，リンリスゴー総督は直ちにインドの参戦宣言

1940年　参戦決定に抗議して，一人ひとりのサッティヤーグラハを開始，大量の逮捕者

1942年　3月独立をめぐるクリップス使節団と会談，会議派は提案拒否．8月会議派はガンディーの指揮する「インドを立ち去れ」(Quit India)のサッティヤーグラハの実施を決定．逮捕され，妻らとともにプーナ近くのアガ・カーン宮殿に幽閉される．国内で多くの反政府活動が起こる

1943年　2月アガ・カーン宮殿にて，政府とインド側の対立を乗り越えるために21日間の断食を実施

1944年　2月妻カストゥルバが逝去．5月体調悪化を理由に釈放される．6月英領インドの戦後構想についての政府との話し合いが開始される

1946年　独立をめぐりヒンドゥーとイスラームの間の宗教暴動が起こったベンガル東部に赴き，2か月で47か村を回って暴動の鎮静化に努力

1947年　3月ビハール州に行き，宗教暴動を鎮める努力．ニューデリーでマウントバッテン総督やジンナーらと独立をめぐる交渉．5月インドとパキスタンへの分離独立に反対して会議派のネルーやパテールらと対立．8月15日カルカッタに赴き，暴動を鎮めるため断食．9月デリーに滞在し，難民を救済し，平和を実現する努力

1948年　1月13日デリーの宗教暴動を鎮めるため5日間の断食．1月20日ビルラー邸で爆弾による暗殺未遂事件．1月30日ビルラー邸で夕べの祈りの会が始まるとき，ヒンドゥー過激派のゴードセーによって暗殺される

目　次

はじめに

第1章　海を渡った青年……………………………1

1　少年時代　2
アラビア海を望む白い町／父と母／悪友との日々／結婚、そして父の死

2　黒い海を渡る　8
旅立ち／イギリス紳士になるために／菜食主義に目覚める／カルチャーショック／失意の失業時代／黒い肌のイギリス紳士

3　南アフリカへ　18
ターバンを取れ／創造的な一五日間

4　運命の転機　24
ナタール会議派／南アフリカに腰をすえる

第2章　南アフリカの若き指導者……29
1　ボーア戦争　30
戦争体験／会議派デビュー／『インディアン・オピニオン』／ズールー人の「反乱」
2　妻と子ども　41
家族の苦労／子どもたち
3　サッティヤーグラハの創造　46
暗黒法との戦い／真理と非暴力より生まれる力／ロンドンへの直談判
4　ヒンド・スワラージ　51
厳しい自己批判／海上の垂訓
5　トランスヴァール大行進　55
トルストイ農場の建設／大行進／逮捕につぐ逮捕／インド人救済法案
第3章　マハートマへの道……63
1　招かれた指導者　64
二二年ぶりの帰郷／アーシュラムの建設／チャンパーランシュクラとの出会い／逮捕、調査、交渉／藍農園での対決

2　農民たちとのつながり　77
農民抵抗の歴史／社会の仲介者
3　反ローラット法運動　82
ハルタールの実施／ヒマラヤの誤算
4　政治運動に加わる　86
非協力運動／カーディー運動
5　マハートマの出現　92
農民組合の結成／「奇跡」の逸話

第4章　塩の行進……………………………………97

1　完全独立を！　98
政治活動の自粛／サイモン帰れ／一つのインドのために／ガンディーの魔法よ、もう一度
2　聖なる戦いに出かけよう　104
一一か条の要求／「塩だ！」／宣戦布告／準備、そして出発へ／ダーンディーの浜で
3　休戦協定と円卓会議　116
逮捕作戦／円卓会議の開催／非難の嵐／孤立するマハートマ

4　たった一人のサッティヤーグラハ　126
カースト差別の問題／ダリットの処遇／ヒンドゥーとイスラームの対立／ガンディーへの反発／政治の世界から再び身を遠ざける

第5章　最後の祈り……………………………139
1　ダルマを成就するために　140
2　大戦と分断　143
チャンドラ・ボース／パキスタン決議／ボースの動き
3　ジンナーとの対決　149
戦後構想／ジンナーの変貌／ノアカリへ
4　裸足の巡礼　156
目には目を、歯には歯を／和解と許し／自分は暗闇の中にいる／ブラーフマチャーリヤ／なぜヨガであったのか／流血の分離独立／カシミール紛争

終　章　マハートマの死とその後……………………………181
暗殺者の物語／暗殺される者の物語／英雄神話とその敵／国家主義への右旋回／もう一つの死／殉死（サクリファイ

ス）の思想を超えて／民衆が創造したマハートマ

むすびにかえて　217

読書案内　221

ガンディー略年譜

本文写真提供　Gettyimages
13頁、39頁、59頁、90頁、124頁、130頁、139頁、150頁、
161頁、171頁、174頁、179頁、182頁、209頁

分離独立後のインド―パキスタン全図
地図作成：鳥元真生

第1章
海を渡った青年

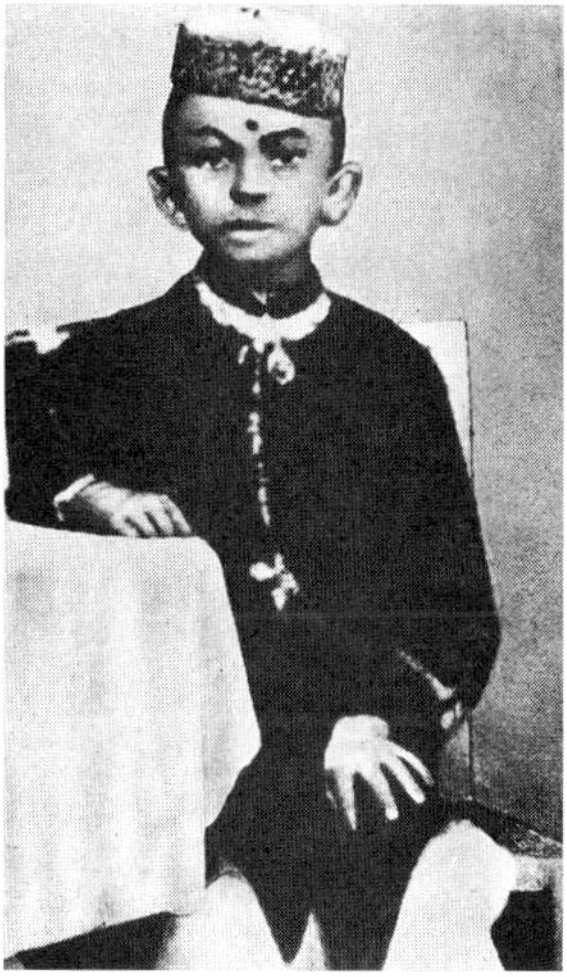

モーハンダース．ポールバンダルで．7歳のとき

1　少年時代

アラビア海を望む白い町

モーハンダース・カラムチャンド・ガンディーは、一八六九年一〇月二日、ポールバンダルという藩王国で生まれた。ポールバンダルはアラビア海に面した港町で、現在はパキスタンのシンド地方に隣接するインド北西部グジャラート州にある。「白い町」と呼ばれるように、この港町は石造りの白い建物に彩られ、高台から見下ろすと、青い海が美しく輝いている。モーハンダース少年も視界を遮るもののない地平線を眺め、海の彼方へ想像を膨らましたことだろう。

この地には、古くから、西方のペルシャやアラビアから宗教や文化が到来し混淆《こんこう》した。こうした環境の中で、『自伝』で書いているように、彼は両親から、異なる宗教を信じる人々との仲の良い暮らし方を学んで育った。グジャラート地方ではヒンドゥー教のヴァイシュナヴァ派の寺をハヴェリと呼ぶ。至高の神ヴィシュヌを拝む建物である。ヒンドゥー教は多神教で、大神ヴィシュヌと並び、たとえば、破壊と創造の神シヴァにも信徒が多い。同じ土壌から、紀元前七世紀頃には平等と不殺生を教える仏教とジャイナ教が誕生し、仏教は大いに栄え他地域にも広がったものの、後にインド亜大陸では衰退する。逆に、ジャイナ教は、少数の集団ながら、現在まで強靭に継承されてきている。遅れて七世紀以降、アラビア半島で誕生したイスラーム教も伝来し、一〇世紀頃以降はイスラーム勢力が侵入して数々の王朝を開いた。また、パールシー教という、ペルシャ由来のゾロアスター教、あるいは拝火教と呼ばれる宗教を信じる人々も到来した。少数ながら影響力のある人々を輩出し、たとえば、インド系の巨大財閥のタタ一族もパールシー教徒である。

ガンディー家はヒンドゥー教徒であったが、両親はハヴェリにもお参りすれば、シヴァ宗派やラーマ宗派のお寺にもお参りをしたという。母親はヴァイシュナヴァ派の敬虔な信者で、日々祈りの儀式を欠かさず、毎週断食の日を守り、モーハンダースはそういう母を見つめながら育った。しかし、自宅にはジャイナ教のお坊さんがいつも訪ねてきたし、イスラーム教徒やパールシー教徒の人々とも交わるような大らかな環境だった。異なる神々を信じながら互いに敬意をもって暮らす社会――ガンディーは自分の子ども時代をそう記憶していた。

父と母

ガンディーの生家は、ポールバンダルの町の中央にある三階建ての立派な館で、現在では博物館になっている。ガンディー家は代々、土地の王に仕え、財務などの行政を仕切る宰相の役割を担っていた。僧侶階級のブラーフマンや騎士階級のクシャトリヤに次ぐ、商人カースト(ヴァイシャ)に属する。グジャラート地方ではとくに「バニア」と呼ばれる身分だった。後に私財を投げ打ったガンディーだが、資金集めや組織運営には豊かな才能を発揮した。と同時に、吝嗇《りんしょく》なほどの倹約家で、短くなった鉛筆や紙の裏側まで大事に使った。彼はそういう自分の癖を、やや自嘲気味に「バニアだから」と笑ったものである。

ポールバンダルにあるガンディーの生家．彼の子ども部屋は屋上にあった

父のカラムチャンド・ガンディー、通称カバ・ガンディーは、モーハンダースが七歳のとき、イギリス人の駐在官との言い争いが原因で職を追われ、ラージコットの藩王に仕えることになった。寛大で人々に敬愛され、勇敢かつ誠実、やや短気だが正義の人。無学ではあったが経験からよく学び、込み入った問題も手際よく解決し、大勢の人たちを統率する能力に長けていた。この父の姿は後年、マハートマ(偉大なる魂)と呼ばれるようになる息子にも引き継がれている。

先妻たちが早逝し、三番目の妻も息子に恵まれなかったために、四番目の妻として迎えられた、父より二〇歳近く若い母プトリバーイについては、「いちばん守りにくい誓いをたてて、ためらうことなくそれを守った」と、後年のガンディーは、その清らかな人格を振り返っている。敬虔に祈り、自らを清め、断食する母の行いは、息子の鑑となったにちがいない。彼には、二人の異母姉と、実の兄二人と姉がいて、モーハンダースは、一番末の弟だった。

悪友との日々

移り住んだラージコットの家は、ポールバンダルの家よりも小さいが頑丈な平屋建てで、現在はここも博物館になっている。モーハンダースはこの家から学校に通った。

一八八一年、アルフレッド・ハイスクールに入学する。当地を訪問したエディンバラ伯爵を記念し、一八七五年にジュナガート国のナワーブ(太守)が開設したイギリス式の新しい学校である。一八七〇年代から八〇年代は大英帝国の最盛期とされるヴィクトリア女王の時代で、ラージコットのような田舎の町にも、英語教育の波が押し寄せてきていたのである。

少年時代への自己評価は高くない。小学校では記憶力が劣り、後に人並みにはなったものの、中学校では引っ込み思案で、学校が終わるや否や、すぐに家へ飛んで帰るような子どもであったという。人とのコミュニケーションが苦手だったらしい。「書物と課業だけがわたしの伴侶だった」と『自伝』で語っている。もっともこれは本人の自画像で、実際には勤勉で優秀な生徒であったらしい。

親友の一人にシェーブ・メータという少年がいた。肉を食べ、酒や煙草に親しみ、売春宿にも行く豪放磊落《らいらく》なイスラームの男の子だった。スポーツマンのシェーブ少年は、「イギリス人がぼくたちを支配できるのは、彼らが肉を食べているから」だと、モーハンダースに繰り返し肉食を勧めた。ヒンドゥー教徒と違って、イスラームの人々はもともと肉食を常としている。この友人の誘惑に、「わたしは負けた。肉を食べてもかまわない。そうすれば強くなるし、大胆になれる。もし国じゅうの人が肉食をすることになれば、イギリス人にうち勝つこともできよう。こんな考えがわたしに生まれた」と、『自伝』で告白している。

だが、意を決して羊肉を食べたモーハンダースは、最初は山羊の鳴く悪夢にうなされて苦しみ、後には親に嘘をつくのが嫌で、親が生きているうちは肉食はしないことに決めたという。また、売春宿にも連れて行かれたが、結局、何もできなかった。とはいえ、肉食のレストランに六度も通ったし、煙草を吸うといった「悪徳」のために家の召使いのお金を盗み、肉食をした兄の借金を支払うために兄の腕輪の金をはぎ取って売ったりもした。猛省したモーハンダースが、涙ながらに父に告白して許しを乞うたというエピソードを、後年にも自分で繰り返し思い出している。

ただし、良家の末っ子として育てられ、根が真面目で学校では優等生だったモーハンダースには、古い価値観をものともせずに大胆にふるまう親友に、恐れだけでなく、強い憧れを抱いていたのだろう。この友人は家族の評判も好ましくなく、借金を頼むこの友人を更生させようと、モーハンダースは辛抱強く努めたが、無駄に終わったらしい。しかし、この友情の中に、従順そうだが、実は新規なものを追い求める、好奇心旺盛な少年モーハンダースの顔が垣間見える。後にイギリスへ留学するときには、この親友との別離が気絶するほど苦しかったと述懐している。

結婚、そして父の死

モーハンダースの子ども時代は、ある意味で短く終わった。あるいは、中途半端な大人生活と併存することになったと言えるかもしれない。「幼児婚」というインドの風習のため、一三歳のとき、カストゥルバという同年齢の少女と結婚したからである。一九世紀前半からこの風習の廃止を訴える知識人もいたが、当時のインドではごく当たり前の慣行だった。

しかし、十代になったばかりの少年が、夫として妻を娶るのは容易なことではない。妻とどのような関係を持つのか、性欲をどう自制するのか、親孝行や学業とどう両立すべきかと真剣に悩んだらしい。モーハンダースは結婚のため学業を一年遅らせたが、夫を持つ身でいながら勝手に外に出ていく彼女を嫉妬して、彼は暴力をふるい、監禁したこともあったと『自伝』で告白している。今流にいえば、未成熟な配偶者によるドメスティック・バイオレンスであろうか。「今日、わたしが面倒をみている同じ年ごろの若者たちを眺め、そして私自身の結婚のことに思い及ぶと、自分を憐れに思い、わたしと同じ目にあわないで済んだ彼らを喜ばずにはいられない」と、回想している。性の問題は終生、彼の取り組むべき課題となった。

もう一つの事件は、一六歳のときに父が痔疾で寝たきりになったことである。モーハンダースは、学校の授業が終わると走って家に戻り、母と下僕の三人で献身的な看病をつづけた。ところが、叔父と看病を交代し、若き夫の彼が妻と寝床に入った直後に、父は息を引き取ってしまった。父の死に目を逃したモーハンダースは、傷心のうちに性欲に負けた己を深く恥じた。まもなくカストゥルバは最初の子を産んだが、赤子はすぐに息を引き取った。モーハンダースは、この一連のできごとを、欲望に負けて父を見送れなかった自分に神が罰を下したためだと解釈した。一六歳の少年にとっては重く悲しい喪失の経験だった。

2　黒い海を渡る

旅立ち

とはいえ、ハイスクールでのモーハンダースは、勉学に励んで優秀な成績を修め、第五学年と第六学年にはカティヤワール地方出身者向けの奨学金を与えられ、めでたく卒業のときを迎えた。まずは地元の名門校のサマルダース大学に入学したが、ここで早々に挫折を味わう。「万事がむずかしかった。もちろん、興味はもっていたのだが、教授たちの講義にわたしはついて行けなかった。わたしは全くの山だしだった。第一期の終わりになって、わたしは家に帰った」。意気消沈した彼を、昔からの知り合いのジョシジーおじさんが励まし、これからはイギリス仕込みの弁護士の時代だと説いたとき、モーハンダースは留学という選択肢に目を開くことになる。

インドからイギリスへの留学は今日でも大変だが、当時はその比ではない。とんでもない費用がかかるし、海を渡って異教徒の国に行くなんて考えるだけで尋常なことではない。周囲の人々は、「あいつは学費で酒を飲んだり肉を食べたりしてしまうぞ」と、兄にお節介な忠告までした。しかし、母親は、何とか本人の望みをかなえてやりたいと願っていた。結局、一家が頼りにしているベチャルジー・スワミおじさんが、そんなに心配なら「酒、女と肉に触れない」という誓いをさせて送りだしたらいい、と提案してくれた。学費も一族の協力を得て、どうにか工面できる目処が立った。

ところが、いよいよ出発となってボンベイ(現ムンバイ)の港に向かったモーハンダースに、もう一度ストップがかかる。カースト会議の長、いいかえれば親戚を代表する人が追いかけてきて厳命を下した。「ここなる少年は、本日よりカーストから追放された者として取り扱うものとする。彼に援助の手を差し伸べた者、見送りに波止場に行った者は、全員一ルピー四アンナの罰金に処する」、と。いわゆる村八分であり、「黒い海」の大洋を渡って穢《けが》れたものは一族の一員としての身分を奪われ、「不可触民」となるという宣言である。大変なことになったが、モーハンダースを応援している母や兄はこの脅しに動じず、予定通り彼を送り出してくれた。

こうして晴れて一八八八年、彼はイギリスへ向かった。妻と生後数か月の長男を故郷に残し、帝国の都へと旅立ったのである。二〇歳直前のモーハンダースであった。

イギリス紳士になるために

モーハンダースは、一八八八年九月初め、ボンベイ港を出航し、同郷の弁護士マズムダールと二等船室で九月末までの航海をともにした。乗客はイギリス人ばかりで、マズムダールはこれこそ英語の勉強のチャンスだと諭したが、英語に自信がなく肉も食べられないモーハンダースは、船室に籠もって持参した甘味と果物を食べて生き延びた。約一か月の長旅を終えて現地に到着すると、ボンベイで新調した白いフランネルのスーツを着て颯爽と下船したが、秋のイギリスでは誰もそんな格好はしていなかったので恥ずかしい思いをしたという。

彼は、在イギリスのインド人に宛てた四通の紹介状を携えていた。イギリスが初めてのこの青年をよろしく頼む、というわけである。P・J・メータ博士、シュリ・ダルパトラーム・シユクラ、ランジット・シンジー殿下、「富の流出」論を提起して知られるダーダーバーイ・ナオロジー博士と、壮々たる人々である。

モーハンダースは港からすぐに電報を打ち、ロンドンでメータ博士に会って教えを乞うた。メータ博士はこまごまとした注意を与えた。イギリスでは人のものに触ってはいけない。インド人のように大声で話してはいけない。召使い扱いされるから、むやみに人を「サー」と呼んではいけない。ホテルは高いので個人宅に下宿したほうがよい――。

彼はさっそく、泊まっていたヴィクトリア・ホテルを出て、船で知り合った人の紹介で下宿を借りることにした。ところが、まもなくこの下宿を訪れたメータ博士は、「この部屋はいけない。私たちがイギリスに来たのは、勉学の目的よりも、イギリスの生活と風習について経験を積むため」なのだからと助言し、リッチモンドに住むイギリス人の友人を紹介してくれた。けれども、このイギリス人に肉食を勧められるのが苦痛で、一か月後には西ケンジントンに住むアングロ・インディアンの人の家に移ってしまった。アングロ・インディアンとは、インドで生まれ育ったイギリス系の人のことである。

メータ博士．青年時代のガンディーに強い影響を与えた

モーハンダースはまた、イギリス紳士の真似をするため闇雲に努力した。スーツやイヴニングを新調し、山高帽を買い、兄から金の鎖まで送ってもらい、鏡で毎日ネクタイを結んで髪を整えた。ダンスを習い、フランス語を学び、弁論術を身に付け、ヴァイオリンを稽古するために個人教師に高いレッスン代を払い、練習に精を出した。「こうした迷いは三ヵ月ぐらい続いたにちがいない。身だしなみにやかましかったのは、その後なかなかと続いた」。サマセット・モームの小説に出てくる主人公のような話だが、さしものガンディーも、最初はそれくらい強くイギリス人に憧れていたのである。

菜食主義に目覚める

慣れない異国での生活で最も苦労するのは食事である。モーハンダースの最大の関心事も食事であった。肉を食べないとすれば、ゆで野菜やパンしか食べられない。彼は毎日、『デーリー・ニューズ』『デーリー・テレグラフ』『ザ・ペルメル・ガセット』などの新聞を購読し、読み終わると町を散歩し、野菜食の食堂を探した。下宿のおばさんが言っていたファリントン街の菜食主義の食堂を見つけたときには歓喜し、久しぶりに腹いっぱいの食事をしたという。

その食堂にはソールトという人が書いた『菜食主義の訴え』が置かれていて、モーハンダースは、この本に深い感銘を受けた。それまでは母との約束のために菜食を守っていたが、心の中ではインド人もいつか肉食ができるといいなあと思っていたらしい。それが、この本を読んで真の菜食主義者に変わったのである。

留学生活の後半になると、お金が少なくなり、安い部屋に移って自炊をした。家族や召使いのいない外国だからこその経験である。彼自身は、栄養や衛生を考え、手間がかからず安価で、かつ快楽を求めない食事をした貴重な体験だったと振り返っている。そればかりか、雑誌『菜食主義者』の主筆に会長職を依頼して、自分は事務局を担当する菜食主義協会を結成した。地味ながらも、組織を作り運営していく基礎訓練になった、と後に述懐している。

一生懸命に洋装したガンディー．ロンドン留学時

カルチャーショック

留学の独特な経験は、何よりもカルチャーショックにある。小さな出来事から大きな出来事まで、数々の違和感と驚きの繰り返し。自分が親しんできた世界とはまったく異なる世界に来てしまったことへの戸惑い、後悔、恐れ。同時に、見知らぬ世界を何とか理解し、それに順応しようとする努力。インドの片田舎から来たよそ者の自分を、むしろイギリス人の目で見て、可

能な限りイギリスの社会に同化させようとする。モーハンダースは、涙ぐましいほどの自己改造の実験を行い、その過程で自分の限界を知り、本来の自己を発見するという経験をした。『自伝』ではとくに、男女関係と宗教をめぐるカルチャーショックと自己発見について丁寧に語っている。

もう一つの出来事が接神論者《セオソフィスト》との接近である。接神論者とは、ヒンドゥー教の影響を受けたマダム・ブラヴァツキーという女性が開いた新しい宗派であった。接神論者の兄弟は、英訳版の『バガヴァッド・ギーター』を読み、モーハンダースに原典を一緒に読もうと誘った。ガンディーは、初めて読んだ『ギーター』に深く感動したという。彼自身は改宗しなかったが、ブラヴァツキーの『接神術の案内』は、「ヒンドゥー主義は迷信だらけだという、キリスト教会の宣教師たちに言いふらされた見解のまちがいを、晴らしてくれた」と書いている。このとき、接神論者として、後にインドの自治運動を率いることになるアイルランド系のアニー・ベザントにも出会った。

それまでのモーハンダースは、「酒を飲んで肉を食べるのがキリスト教徒だ」と素朴に考えていたが、菜食主義者にそのような考え方は間違っていると教えられ、聖書を読むことを勧められた。旧約聖書は意味もわからないままに読み続けたが、新約聖書には感銘を覚え、とくに「山上の垂訓」が胸に響いたという。モーハンダースは、イエスの言葉を『ギーター』やグジヤラートの詩人の句と比べて読み、自己放棄こそ宗教の最高の形式であると考えるようになった。

学業のため、宗教への接近はこれ以上進まなかったが、後の人生の歩みを見ればわかるように、神への信仰の新しい種は、このとき彼の中に確実に播かれていたと思われる。

失意の失業時代

そもそもモーハンダースがイギリスに留学したのは弁護士になるためである。初めに通った法律学校での勉強に物足りなかった彼は、ほどなく大学の入学試験に挑もうと決意して猛勉強を始めた。ロンドン大学の受験に一度は落ちてしまったが、半年後にもう一度挑戦して見事に合格した。こうして、かなり無手勝流のロンドンでの三年間の学業を終え、一八九一年六月一〇日に弁護士免許を取得し、翌日にはイギリスの高等法院に弁護士登録され、翌々日にはインド行きの船に乗った。意気揚々と、鳥が飛び立つように帰国の途についたのである。

一八九一年七月、モーハンダースを乗せたアッサム号は、荒れ模様のアラビア海を渡って、ボンベイに入港した。兄に出迎えられ、イギリスで親しくなったメータ博士の家に泊めてもらったが、彼はこのとき初めて母の死を知らされた。「わたしが胸にえがいていた希望のおおかたは、こなごなにこわされた」と『自伝』で書いている。そして、出立のときカーストを追い出されたことが彼を苦境に追い込む。「親戚の者はだれでも、義理の父や母、姉妹や義兄弟までも、わたしを歓待するわけにいかなかった。そしてわたしは、彼らの家の中では水さえ飲めなかった」。後にカースト差別の撤廃を訴え続けるガンディーだが、自分自身もアウトカーストにされていたのである。

とはいえ、帰国したからには仕事をして家族を養い、兄にお金を返さなければならない。しかし、小さな町のラージコットで開業しても仕事がないのは明白である。そこでボンベイに出たが、道は開けなかった。訴訟事件を周旋してもらっても謝礼の仲介料を払わずに問題を起こし、法廷ではストレスから弁論できずに逃げ出してしまう始末だった。仕方なく弁護士業を諦めて英語教師の口を求めたが、それにも失敗した。結局、数か月後にはラージコットに舞い戻り、兄の助けで代書業の事務所を開くことになった。兄の知り合いから仕事をもらい、少額でも安定した収入を得られるようになったが、イギリス帰りの彼にとってはなんとも冴えない有様だった。

黒い肌のイギリス紳士

そのころ、ポールバンダルで王の秘書兼顧問を務めていた兄のラクシュミダースが訴えられ、イギリス人の政務事務官がこの件を担当することになった。モーハンダースはイギリスでこの人と知り合いになっていたため、兄に頼まれて個人的な相談に訪れたが、門前払いを食ってしまう。イギリス時代とまったく異なる高圧的な態度にショックを受け、不当な侮辱と暴力に対して抗議し、告訴も辞さないと、彼はこの役人に書き送った。兄を助けるどころか、事態を悪化させてしまったのである。

話を聞いて彼のもとを訪れたメータ博士は、血気にはやる青年モーハンダースをこう諭したという。「いくらかでも収入をはかり、楽な生活をしようと思うなら、ノートを破って侮辱をこらえることだ。サーヒブ(イギリス人の旦那)を告訴しても一文の得にもならない。反対に、自分のほうを破滅させるようになるばかりだ」。

弟思いだった兄ラクシュミダース・ガンディー

モーハンダースは嫌気がさして、何もかもやる気がなくなった。一方の兄も、イギリス人の役人と喧嘩するような弟は、大臣にも裁判官にもなれるわけがないと痛感したようである。イギリス仕込みの弟は、プライドばかり高くて仕事も満足にできない一家の無用者だった。夫の留守中、懸命に子育てをしてきた妻も情けない思いであっただろう。

しかし、モーハンダースの苦境の背景には、彼自身のパーソナリティやイギリス人の高飛車な態度といった個々の事情を超えた、植民地的な条件があったのではないだろうか。植民地社会に必要なのは、イギリス人に仕え、現地の言葉を英語に翻訳し、インドの宗教や慣習について裁判や行政に必要な情報を適宜教えてくれる、そういう便利な従者であった。イギリス人と互角に張り合い、英語を達者に使いこなす「肌の黒いイギリス紳士」に用はなかったのである。

大英帝国の自由主義的な幻想のもと、学問を修めればイギリス人のように素晴らしい出世ができると信じた数多くのインドの若者たちが、モーハンダースと同じ道を辿った。いわゆる「教育を受けた階級」、あるいは「インド人ミドルクラス」と呼ばれる、西欧的なインドの知識人である。彼らは努力して法律家になったものの、政府や裁判所の任官試験に落ちれば失業するより他になかった。こうした有為の若者たちの挫折が、まもなくインド・ナショナリズムの原動力になっていくのである。

3　南アフリカへ

ターバンを取れ

毎日を無為に過ごすうち、ある日モーハンダースのもとに、南アフリカで商業を営むグジャラート人から仕事の口が舞い込んできた。商売相手のインド人商人との争いを解決するため、モーハンダースに弁護してほしいという依頼だった。船代もあちら持ち、半年間滞在して仕事を済ませれば、帰りの一等船賃と一〇五ポンドの報酬がもらえるという好条件だった。モーハンダースはすぐさまこの話に飛びついた。お金のためだけでなく、ラージコットの世間から逃げ出したかったのが本心だったらしい。しかしこの南アフリカへの旅が、彼の人生を大きく変えることになる。

さて、当時の南アフリカについて、簡単に説明しておこう。一九世紀後半のインド帝国は、まさに理想的な植民地であった。イギリス風の近代国家が樹立され、強力な軍隊と警察に守られ、鉄道・道路・通信・港湾などのインフラストラクチャーが完備し、「乳を出す牝牛」と言われるほどイギリスに富を注ぎ込んでいた。対照的に、南部アフリカは露骨な帝国主義戦争が繰り広げられる、帝国の最前線だった。

南アフリカにおけるヨーロッパ系の人々の植民地建設としては、一七世紀に宗教弾圧を逃れてオランダ改革派教会の人々が移住したのが始まりだったが、一九世紀初めにはイギリス勢力が西海岸のケープへと進出し、ボーア人(ブーア人)と呼ばれたオランダ系の人々を東へ、内陸部へと押しやった。逃れた人々は現地のアフリカ系の勢力と戦いながら大移動を行い、トランスヴァールとオレンジの二つの共和国を建てた。しかしそれも束の間、一八七〇〜八〇年代にはダイヤモンドや金の鉱山が次々と発見されると、台頭したセシル・ローズを中心にイギリス系資本家が戦争すら仕掛けながら支配領域を拡大した。

鉱山もプランテーションも、強靭で従順な多くの労働者を必要とする。アフリカ系の先住民の人々を捕えて集住させて奴隷的な労働を強制したが、それだけでは間に合わなかった。そこで、同じ大英帝国のインド亜大陸から、借金返済の年季が明けるまで労働に従事する債務労働者として多くの人々が呼び寄せられた。また、印僑と呼ばれるインド系商人も帝国経済のブームを求めてアフリカに渡り、香港・上海・シンガポールなどを通して、中国系の人々、いわゆる華僑も移住した。こうして増加する外国からの労働者や商人を前に、脅威を覚えたオランダ系移民の人々が選民思想に基づく人種差別を強めただけでなく、イギリス系の人々も同様に厳しい差別を行った。

一八九三年五月、モーハンダースは南アフリカの英領植民地ナタールの港町ダーバンに到着した。ナイーブな彼は、ほとんど南アフリカについては知らないままに、かの地に上陸したようである。ロンドン仕込みの法廷弁護士の意気込みで、フロックコートを着て頭にターバンをかぶり、おかしな格好のモーハンダースを、仕事の依頼主のアブドゥッラー・シェートは驚きとともに出迎えた。シェートは、ヨーロッパ人を相手に手広く商売を行い、有力な会社を運営していた。文字は読めなかったが英語は話すことができる、有能なイスラーム商人であった。

数日後、モーハンダースがシェートとともにダーバンの裁判所に行くと、そこで早速ひと悶着起きた。裁判長がモーハンダースに向かって「ターバンを取れ」と言ったのだが、彼はそれに従わずに裁判所を立ち去り、地元の新聞に抗議文を投稿した。こうして彼は、瞬く間に当局にとって「歓迎されざる訪問者」となった。「ターバンは、南アフリカ滞留の終わりまで、わたしから離れることはなかった」。相も変わらず血気盛んな青年である。

創造的な一五日間

一週間後、モーハンダースは仕事のあるトランスヴァールの町プレトリアに向かった。彼は一等車の寝台車を取ってもらっていた。寝台車ならインド人の同乗も見過ごされるからである。それにもかかわらず、彼はあえて座席に座って行くことにした。それで何も起こらないわけがない。案の定、ナタール植民地の町マリッツバーグの近くで騒動が起こった。「クーリー（苦力、貧しい出稼ぎ労働者）がいる」とヨーロッパ系の乗客が騒ぎ始めたのである。駆けつけた駅員はモーハンダースに貨物車へ移るよう命じた。もちろん彼はそこを動かない。結局、列車から放り出され、高原の寒さのなかで朝まで過ごす羽目になった。リチャード・アッテンボロー監督の映画『ガンディー』では、ガンディーの盛大な国葬のシーンの後、過去に遡って、このマリッツバーグの駅のシーンから物語を始めている。

このときの心境について、『自伝』にはこう書かれている。

わたしは、義務について考え始めた。わたしは権利のために闘うべきか。それともインドに帰るべきか。それとも、侮辱を気にしないで、このままプレトリアにおもむき、そして事件のすみしだい、インドに帰るべきか。

ガンディーも心細かっただろう。しかし、悩んだ末、彼はプレトリアに向かうことを決断した。明くる朝、彼は鉄道会社の総支配人に宛てて抗議の電報を打った。また、彼から知らせを受けたシェートは駅長に頼み、マリッツバーグの友人にも頼み込んで、夕方には何とか寝台車に乗れることになった。

大英帝国の基礎は鉄道建設にあった．当時のマリッツバーグ駅のホーム

翌朝、チャールスタウン駅に着くと、ヨハネスブルグへ行くには馬車に乗り換えなければならなかった。最初に乗った馬車で、モーハンダースは御者の横に座らされ、途中からは馬車の床に座れと命じられた。それを拒んだモーハンダースはしたたかに殴られた。そこでまたシェートの知り合いに助けられ、ほうほうの体でヨハネスブルグに着くとプレトリア行きの列車の

切符を買いに駅まで出かけた。ここの駅長がトランスヴァール生まれの人でなくオランダから来た人であったのは、まだしもの幸いであった。彼は一等車の切符を売ってくれたが、車掌が三等車に移れと命じたらそうしてくれ、事件に私を巻き込まないでくれ、と頼んだという。

プレトリア行きの列車では、同乗のイギリス人の好意のおかげで、モーハンダースは一等車に乗ったまま目的地に着いた。けれども、何の間違いか、迎えが来ていない。この怖い町でだんだんと日が暮れていく。駅の改札係に尋ねようかと思いあぐんでいたら、近くにいたアフリカ系アメリカ人がアメリカ人の経営するホテルを紹介してくれた。半信半疑で彼についていくと、無事に宿泊させてもらえた。経営者の計らいで、他の客の許可も得て、食堂で食事することもできた。

人種のるつぼのような新天地で、ひどく痛い目に遭ったが、彼はこの旅を後悔していなかった。後にロマン・ロランにインタヴューを受けたとき、「人生の中でもっとも創造的な一五日間」だったと答えている。蒙を啓く経験だったからである。

さて、筆者は、ここから後の彼を「ガンディー」と記述していきたい。「創造的な一五日間」を挟んで、インドでもイギリスでも周囲に見守られてきた青年モーハンダースの時代が終わり、未知の国で果敢に道を切り開く指導者のガンディーへと変身し始めたと考えるからである。それは、ガンディーが、より大きな公の世界へと身を投じていく「歴史の瞬間」でもあった。

4　運命の転機

ナタール会議派

当時の南アフリカでインド系の人々が置かれた状況は、インドのそれとはまったく異なるものであった。イギリスは、一七世紀以降、オランダから入植した人々の子孫であるボーア人と対抗しつつ覇権を広げていたが、どちらも競い合うかのようにアフリカの土着の人々に対して厳しい人種差別を行った。また、アフリカの人々と同様に、アジア系の移民も「有色人種」として差別された。鉄道、道路、通信、港湾などの建設労働者、あるいは鉱山や農場の労働者として、インドから数多くの人々が送り込まれたが、彼らは債務奴隷のような状態で働かされていた。あらゆる権利をないがしろにされていたのである。

一年後、シェートからの依頼の仕事はどうにか無事に完了して、ガンディーはインドへ帰ることになった。ところが、その送別会の席で、彼の人生を大きく変える出来事に遭遇する。いつも英字新聞をみなに読んで聞かせていたガンディーは、別れの挨拶も早々に、『マーキュリー』紙に掲載された「インド人の選挙権問題」という記事を読み上げた。そして、インド人がナタールから追い出され、さまざまな権利を奪われかねないという内容の法案が議会に提出されており、我々は戦わなければならないと付け加えた。驚いた人々は、ガンディーに、南アフリカに残って自分たちと一緒に戦ってほしいと頼み込んだ。

やむをえず帰国を一か月先に延ばしたガンディーは、さっそくナタール議会に対して法案審議の延期を誓願する電報を打った。インド人たちの意気は大いに上がったが、それで問題がすぐに解決するわけはない。そこでガンディーはインド系商人たちの弁護の仕事をしながら、権利のための戦いを継続する決心をした。

ナタール会議派のメンバーたちと．
ガンディーは後列の右から４人目

弁護士として本格的に仕事をするためには、現地での弁護士資格が必要になる。南アフリカの弁護士会は「黒色や褐色の肌をした人は弁護士として登録されない」と強硬に反対したが、イギリスで弁護士資格を取得していたガンディーを人種を根拠に排除する法律は存在しなかった。そのため裁判所は弁護士会の反対を無効とする判決を下し、ガンディーは正式に南アフリカの弁護士資格を得ることができた。

また、インド人たちの声を代表するため、「ナタール・

インド人会議派」という組織の設立を思い立ち、年間最低三ポンドの会費を支払うことを会員の条件として人々に参加を呼びかけた。一か月のうちに、ヒンドゥー教徒、イスラーム教徒、パールシー教徒、キリスト教徒など、約三〇〇人の会員が集まった。当時のインド人移民労働者の一年分の収入が約三ポンドであったというから、いかに人々が熱心であったかがわかる。毎月一度は会合が開かれ、その月の詳細な会計報告が行われ、会員の承認を受ける。会員はさまざまな質問をし、問題について話し合うなかで、権利というものへの理解を深めていった。

戦いの方針を示し、同志を募り、運動を率先する。こうした自由主義的な団体の作り方は、ガンディーがイギリス留学時代に菜食主義協会やインド人留学生協会での経験から学んだものである。ナタール会議派による請願活動が功を奏し、インド人排斥法案は撤回される見通しとなった。これは、青年活動家としてのガンディーに大いなる自信を与えた。

また、政治的な運動とは別に、人々の生活を改善する運動も始めた。政治的な自立は尊厳のある生き方から始まるという考えからである。それにはまず、インド人は不潔だ、インド人の住居地域は伝染病の源だというデマを正す必要があった。家の清掃をきちんとすること、清潔な衣服を着ること、裕福な商人はその立場にふさわしい生活をすること、などの目標に取り組んだ。子どもの教育も重視した。ナタール会議派の後援で、年季契約労働から自由になったインド人の子弟のために教育教会が開設された。そこでは、インドへの愛情を育て、インドについての一般的な知識を授けるような教育が目指されたのである。

南アフリカに腰をすえる

まるで水を得た魚のように、ガンディーは次から次へとアイデアを出し、それを着実に実行していった。時間はどんどん過ぎていったが、南アフリカでの仕事に終わりは見えない。そこでガンディーはいったんインドに帰国し、家族を連れて南アフリカに腰をすえる計画を立てた。一八九六年のことである。

母国で南アフリカのインド人の状況を書いた『緑のパンフレット』を出版し、これが評判を呼び、ガンディーはマドラス(現チェンナイ)、プーナ(現プネー)、ボンベイなどの主要な都市に招かれて講演を行った。そこで、インド国民会議派の重鎮であるサー・フェロズシャー・メータ、ロカマニヤ・ティラク、ゴーパール・クリシュナ・ゴーカレーなどの指導者たちにも出会って、南アフリカの問題を訴えることができた。

半年後、ガンディーは南アフリカに戻るため、ダーバンとポールバンダルを新しくつなぐダーダー・アブドゥッラー商会のクーランド号に家族とともに乗船した。インドと南アフリカを結ぶ二隻の船が並行してダーバンを目指し、クーランド号には数百名の旅客が乗っていた。しかし、上陸直前になって、ナタール政府は「伝染病を隔離しなければならない」という理由を挙げて、船の入港を拒む措置に出た。インドで南アフリカを批判したガンディーが、膨大な数の移民をナタールに送り込もうと企んでいるという噂が立っていたのである。ヨーロッパ系住民から「ガンディーはインドに帰れ」という怒りの声が上がっていた。

ガンディーは海上に浮かぶ船の中から政府側と粘り強く交渉し、三週間あまり経ってようやく上陸許可が下りた。しかし、埠頭には白人の暴徒たちが待ち構えており、まさに一触即発の状況だった。それからのガンディーの脱出劇は有名である。知り合いの警察署長の夫人の計らいで一旦避難していた家を群衆に取り囲まれると、警官の格好に変装して脱出したのである。このとき、ガンディーは二六歳。南アフリカの地を踏んでからわずか三年しか経っていない。何をやっても失敗し、失意の底にあったモーハンダースが、まるで逃げるように故郷を離れたときとは見違える人物に変わっていた。「黒い海」を渡るごとに、青年は着実に成長していったのである。

第2章
南アフリカの若き指導者

南アフリカでのガンディー．1908年

1　ボーア戦争

戦争体験

この章では、南アフリカに移ったガンディーが、二十代から四十代前半にかけての約二〇年間、若さの輝くような時代をいかに生き、どのような人間に成長したかを考察してみたい。

まず、ボーア戦争の経験から紹介しよう。ガンディーは非暴力思想で知られるが、そういう思想を説く人にかぎって戦争の悲惨な実態など何ひとつ知らないのだ、と考える人もいるかもしれない。だが、驚くべきことに、ガンディーは身をもって戦争を体験していた。しかも、イギリスにとっての泥沼の戦争とも言われた、生々しい戦場に自ら飛び込んでいったのである。

南アフリカの武力紛争の起源はヨーロッパにある。一七世紀、オランダ改革派教会の人々が、宗教的な弾圧や戦争から逃れて南アフリカに入植した。彼らは、現在のケープタウンを中心に、ケープ植民地を建設した。入植した人々は「農民」を意味する「ボーア」、あるいは「ブーア」という名前で呼ばれ、神によって選ばれし民として信仰の国を建てようとした。その点で、北米に渡ったマサチューセッツ植民地の人々と似ている。彼らは現地の人々と戦いつつ土地を奪い、自らの国を建てていった。一九世紀に入ると、イギリスが南アフリカに進出して、ボーアの人々からケープ植民地を奪った。住む土地を失ったボーアの人々は難民となり、東への大移動を行った。そして、移り住んだ新天地に「トランスヴァール共和国」と「オレンジ自由国」という新しい植民地を建設したのである。

だが、産業革命後のイギリスはアフリカへの進出を止めない。しかも、トランスヴァールの地には、金やダイヤモンドが埋蔵されていることがわかった。このような宝物の眠る土地をイギリス人が見逃すわけがない。その結果、イギリス勢力は、繰り返し、トランスヴァールに戦争を仕掛けることになった。ガンディーは、帝国主義の本質を次のように描く。

イギリス人とオランダ人は従兄同士です。両者の性質は同じ。野心も同じ。……二つの民族は……黒人たちを征服してついにぶつかってしまい……戦争になりました。マジュバの丘でイギリス人は敗北しました。このマジュバの丘の傷は残り、化膿し……ついに破裂したのが、一八九九年から一九〇二年の世界的に有名なボーア戦争だったのです。

興味深いことに、この時のガンディーは、戦争協力を申し出た。「市民がある統治を受け入れているかぎり、統治の行為には一般的に適用し、支援するのが臣民の明白な義務です」。移民もまた帝国の臣民なのだ。とはいえ、インド人は武装を許されない。そこで、赤十字のよう

インド人衛生看護部隊は激戦地を駆け回った．
中列左から５番目がガンディー

に、負傷者や病人の救護兵を組織しようと提案した。南アフリカ政府は当初は断ったものの、戦況が厳しくなると背に腹はかえられず、インド人衛生看護部隊の結成をガンディーに依頼した。

ガンディーは「自由身分と年季契約労働から自由になったインド人」の従軍も申し出たが、すぐには実現しなかった。しかし、戦況がさらに悪化すると、政府はイギリス人の雇用主に依頼状を送って、彼らの雇うインド人を兵士として募集することとし、千人以上のインド人部隊が結成された。その部隊は、年季契約労働から自由になったインド人が三〇〇〜四〇〇人、また三七名は指導的な人々で法廷弁護士、事務員、石工・大工・労働者などから構成されていた。ヒンドゥー教徒もイスラーム教徒も部隊に参加し、宗教の違いも出身地の違いも超える混成組織となった。商人たちは自分では参加しなくても、財政的な援助を行って協力した。

まず非戦闘地域で、正規の衛生看護部隊が運んだ負傷者をインド人部隊が引き継ぐ計画が立てられた。しかし、イギリス側が敗退を続けて負傷者が続出し、結局はインド人部隊も戦闘地域に入って負傷兵を運び出すことになった。ガンディーらは砲弾の飛び交う激戦地で負傷者を担架に乗せて走り回り、駐屯地や病院まで数十キロメートルも負傷者を運搬した。こうして、インド系の移民たちも、「帝国の息子たち」として戦争に参加したのである。

後に非暴力主義を唱えたガンディーが、なぜこのような行動をとったのか。繰り返し問われてきた点だが、本人はあまり問題を感じていなかったらしい。当時は、帝国の下でインドの自治が実現できると期待していたからだと、後年に回想している。市民の自由は従軍の義務と一体だという、古代ギリシャ以来の市民社会思想を、彼も継承していたということだろう。

会議派デビュー

ボーア戦争が事実上終わった一九〇一年の暮れ、ガンディーはいったんインドに帰国した。南アフリカでの仕事はたたんで、ボンベイかラージコットで弁護士事務所を開いて、インド国民会議派の活動にも携わりたいと考えていたのである。英領インドの首都カルカッタ（現コルカタ）で開催されたインド国民会議派の年次大会に参加すると、先輩のサー・フェロズシャー・メータと相談して、南アフリカのインド人移民についての決議案を大会に提出した。これが、青年ガンディーの会議派デビューであったと言える。

彼の提案は無事に採択され、その意味では成功した。ところが、ガンディーはあまり喜ばなかった。審議は短いし、自分の説明は議長に止められ、英語を話す少数のエリートが勝手に決めている。そんなやり方が気に入らなかったらしい。このとき、会議派きっての指導者であった、クリシュナ・ゴーカレーがガンディーを目にかけ、「君はこの国にいなくてはいけないよ。……わたしは、君が会議派の仕事をしたらいいと思うんだ」と諭したという。これ以後、ガンディーはゴーカレーを師と仰いでいく。

ガンディーはまた、ゴーカレーに連れられて、後にインド総督となるハーディング卿を迎える、ヒンドゥー大学での接見式に出席した。ここでもガンディーはがっかりした。藩王や政治家、豪華な衣装を着た女性たちなど、りっぱなインド人たちが、イギリス人にひれ伏している光景に我慢がならなかったという。一か月ほどカルカッタに滞在し、彼は三等車で帰路につき、ボンベイで法律事務所を開く準備を始めた。

しかし間もなく、南アフリカの友人アブドゥッラー・シェートから「すぐ戻れ」という電報が届く。ボーア戦争で政府を支援した移民には待遇改善が示されるだろうと期待されていたが、事態はまったく逆となった。政府は新方針として、より厳しい統制策を発表した。写真・拇印・署名を付した居住許可証を常に携行する義務を課し、移民の自由を制限するだけでなく、新しい移民の流入をも阻止する、と。事態の急変に、ガンディーは開いたばかりの法律事務所をたたむしかなかった。一九〇二年末、ふたたび単身で南アフリカに向かったのである。

『インディアン・オピニオン』

ガンディーは、このとき改めて、南アフリカのインド人問題に取り組むことこそ自分の使命だと覚悟したらしい。かの地での弁護士業に本腰を入れるため、翌年、トランスヴァールの弁護士資格を取得し、ヨハネスブルグで弁護士事務所を開いた。仕事は順調で、ガンディーは五千ポンド以上の年収を稼ぎ、ユダヤ系のヨーロッパ人男性二人を助手に抱え、ヨーロッパ系の若い女性二人を秘書として雇うようになった。立派な家を構えて、家族も呼び寄せた。

こうした成功を足場に、ガンディーは二つの事業を始めた。ボーア戦争後の南アフリカ社会では、一方で白人支配の体制が編成される動きが進められ、他方ではこれまで以上の差別を恐れる人々の抵抗が開始されていた。インド系移民の声を代表しようとしたガンディーらは、持続的な新聞の発行を企画する。

一九〇四年、ガンディーが主筆と編集を担い、自分の財産も注ぎ込んで『インディアン・オピニオン』という週刊新聞を発行することになった。国際印刷プレスのヴィヴァヤハリク、熱心な編集者ナザールとの共同企画だった。発行二年目には八八七人の購読者がおり、最高で三五〇〇人を超え、平均およそ二千の購読者を持っていたという。異なる出身地からのインド系の人々に届けるために、英語、ヒンディー語、グジャラート語、タミール語の四言語で発行するという、野心的なものだった。

当時の考えを語る、ガンディーの言葉を引用しておこう。

当時の『インディアン・オピニオン』紙は、今日の『ヤング・インディア』や『ナヴァジヴァン』(新しい人生)に似て、わたしの生活の一部を映した鏡であった。毎週わたしは、その論説欄にわたしの魂を注ぎ込んだ。そして、わたしの理解したところに従ってサッティヤーグラハの原理と実践を説明した。

ガンディーは、新聞の力を信じていた。ベンジャミン・フランクリンが植民地アメリカのフィラデルフィアで新聞を発行していたように、新聞は市民にとって重要な情報の道具である。彼は若き日のイギリス留学時代にも新聞の力を痛感し、自身も菜食主義者の新聞発行に携わった。有名なボンベイの『タイムズ・オブ・インディア』の前身となった英字新聞が一八三八年に発行されて以来、英領インドの各地で英字新聞や現地語の新聞が発行され、南アフリカの小さなインド人社会でも試みられていた。この市民社会の道具を、ガンディーは自分の手で駆使しようとしたのである。

第一号では、「トランスヴァールのズールー人監視」「インドへの要請」「南アフリカのインド人」といった記事が掲載されている。世論が政府を動かすというイギリスの伝統をなおも信じていたガンディーは、南アフリカにおける人種差別や苛酷な労働環境など、現実をとらえ、政策の変更を求める論説を綴った。また、移民自身の自己改革が必要だと考え、衛生的な生活をする知恵を伝えるもの、インド人としての歴史を子どもに教育するよう求めるものなど、多様なジャンルの記事を書き続けた。

本国で展開するインドのナショナリズムも、当然、中心的なテーマとなった。一九〇五年より、インドでベンガル分割反対運動が高揚した時期と重なり、ガンディーも、インド人の民族意識を育成し、どのような方法で自治や独立を勝ち取るかについての論陣を張った。一九〇九年に刊行する著書『ヒンド・スワラージ』(インドの自治)も、『インディアン・オピニオン』に記事として連載された。トルストイやナイチン

இந்தியன் ஒப்பீனியன்.

வாரமொருமுறை பிரசுரிக்கப்படும்.

タミール語版の『インディアン・オピニオン』
1905年1月14日付

ゲールなどの思想や、宗教的な議論についても、自分の関心に沿って、さまざまに論じた。発刊から一〇年にわたって、彼の論説は毎号掲載された。

一方で、もう一つ別の事業を興した。フェニックス農場の建設である。きっかけは、菜食主義食堂で友人になったイギリス人のポラクに、ラスキンの『この後の者にも』を勧められて、いたく感動したためである。ラスキンの思想を実践して、移民たちが共同で生活し、質素に自給自足の生活を営む計画を立てた。宗教やカーストや民族などにとらわれず、誰もが平等に働き、同じものを食べ、同じ屋根の下で眠る。そうした理想の場の創出であった。

とはいえ、彼がヨハネスブルグの家から出て、フェニックス農場に移った動機は、『インディアン・オピニオン』の財源枯渇と経営難であった。言論の自由のために、購読者が自ら購読料を払って支える新聞を目指した彼は、商業広告の掲載をけっして認めなかった。当初は、ナタール・インド人会議派や英領インド人協会も出資する穏健な新聞として始まったが、とくにサッティヤーグラハが開始された一九〇六年以後は、政府と対立する路線に変わり、寄附金が途絶えてしまった。その窮状をフェニックス農場が支えたのである。

思い立ったらすぐに実践する。人並み外れた行動力でアイデアを次々に実現していくのが、ガンディーの真骨頂である。ダーバンの郊外の荒れた土地に農場を開き、誰もが平等に働く自給自足の共同体の場を建設しようと企てた。のちのトルストイ農場、インドでのアーシュラム

（道場）につながる先駆的な仕事である。これ以後、同志の人々と自由で平等な共同生活を営むことが、彼の人生の基礎となっていく。

ズールー人の「反乱」

一九〇六年、ガンディーはもう一度戦争を経験した。ズールー人の「反乱」である。ナタール地域に住んでいたズールーの人々が、抵抗の戦いに立ち上がり、政府軍はただちに鎮圧に向かった。ボーア戦争のときと同じように、ガンディーは国に奉仕しようと、インド人の衛生看護部隊を結成した。

現実とは異なる，政府軍との激戦として描写されたズールー人の「反乱」．1906年

ズールーの人たちの戦いを「反乱」と呼ぶことに疑問を感じつつも、当時の彼は、大英帝国は世界の福祉のために存在していると信じていた。「反乱」が正義のものであろうとなかろうと、帝国への忠誠心が彼の中では優先したのである。ヨハネスブルグの家をたたみ、妻子はフェニックス農場に住まわ

せ、自らは戦場に向かった。驚くべき行動である。ところが、戦いの場に赴いてみると、実状は政府の宣伝とはまるで異なっていた。

「反乱」の現場に到着してみると、「反乱」だということを正当づけるようなものは一つもないことを、わたしは知った。抵抗らしい影は一つも見あたらなかった。この騒ぎが「反乱」という大仰なものになったわけは、一人のズールー族の首長が、彼の部族の人々に課せられた新税の不納を扇動し、税金の徴収に出かけてきた警部が襲撃されたことであった。ともかく、わたしの心はズールー族の側にあった。

ガンディーは、白人の医師が診るはずのない、傷ついたズールーの人々の手当てに励んだ。彼らは、戦闘で負傷したのではなく、容疑者として捕らえられ、殴打され、痛めつけられていたのである。それは、戦争というよりも、「人間狩り」であった。実は、母国のインドでも、農村や山奥で、イギリス人の権力は農民や部族の反抗を武力で鎮圧していたが、ガンディーはその現実をまったく知らなかった。皮肉にも、南アフリカの辺境に足を踏み入れて、ようやく帝国主義と人種差別の残酷な暴力を目の当たりにすることになったのである。

ヨーロッパ人同士の泥沼のボーア戦争、さらにズールーの人々に対して行われた「人間狩り」。三十代のガンディーは銃弾の飛び交う戦場を走り回り、仲間とともに命がけで負傷者を運び、救援した。そのなかで、戦争のおぞましさと植民地支配の残酷さを、しっかりと目に焼き付け、胸に刻んだ。

2　妻と子ども

家族の苦労

こうして、ガンディーの前半生は、彼自身も予想がつかない方向へ進んでいった。とはいえ、どんなに苦労しようが、おおよそ彼自身が選んだ道である。仕方がない。しかし、妻や子にとってはそうではない。ガンディーの生き方は、誰よりも、家族に大きな試練を与えた。

亡父に代わって世話をした兄にとっては、モーハンダースは手のかかる弟だった。遠い国に行ったきり、まるで帰ってこない。風の噂に聞く彼は、心配させるようなことばかりしている。南アフリカの政府を批判したり、危ない戦争に出かけたり、ろくなことをしない。出会った人々や読んだ本にすぐ影響されて、突飛なことをやり始める。帰国しても落ち着かず、政治集会に出かけて行っては家を留守にする。留守の間、彼の妻子の面倒を見るのは兄やその親族であった。兄はずいぶん弟を可愛がったはずだが、心配と悩みは絶えなかっただろう。

たとえば、こんなことがあった。あるとき、モーハンダースはインドの古典を読んで感動し、財産を一切持たない、と決意する。すぐさまインドの代理人に手紙を送って、生命保険契約を解約し、その資金を公的な活動に投入することに決めた。それと同時に兄に手紙を送り、「今後は、節約したお金は、インド人居留民の福利のために用いるから、わたしからはいっさい期待しないように」、と宣言した。さすがの兄も愛想をつかし、それきり文通が途絶えたという。ずいぶん後年になって、兄は弟と和解したらしい。

また、妻のカストゥルバは、後年、次のように回想する。「南アフリカに行くときの一八九六年、夫は私に靴下と靴を履けと言い、次にインドに帰国する前にはそれらを履くのをやめろと言い、今は私にこんな厚いカーディー(手紡ぎ糸を使った手織綿布)を何ヤードも着ろと言うのよ」、と。

ガンディーは、父親としても変わった人だった。一三歳で結婚した彼は、最初の子どもは生まれてすぐ亡くなってしまったものの、一八歳のときに長男ハリラールを授かった。にもかかわらず、なのか、あるいはだからこそ、なのか、そのあたりは不明だが、この若い父親は、妻と幼子を置いてイギリスにさっさと留学してしまった。カストゥルバは、三年間、夫の家族に囲まれて子育てをしつつ、夫の帰りを待った。夫はお金や品物を無心してくることはあっても、お金を送ってくるわけではない。おそらくは肩身のせまい暮らしだっただろう。針の筵のときもあったかもしれない。そして、やっと夫が帰国したと思ったら、安定した職にも就かず、またもや外国に行ってしまった。しかも、イギリスどころか、南アフリカという僻地である。そして、いつまでも帰ってこない。想像するだけで、ため息が出てくる。

一九〇二年にインドに一時帰国したときも、ガンディーの『自伝』に書かれているのとは違って、再び妻子を故郷に置いていこうとしたらしい。どうやら、自分の仕事に妻や子どもは邪魔だと考えていたふしがある。

妻カストゥルバと幼いハリラールと

当時のガンディーが、字の読めないカストゥルバに読み聞かせてもらうため、故郷の知り合いの弁護士に宛てた手紙が残っている。一〇年ほどヨハネスブルグに暮らすことになりそうだが、妻や子とは一緒に暮らせないと思うので、もう三年か四年、インドで暮らしていてほしいと頼む手紙である。夫の家族に気兼ねして暮らす身の上に嫌気がさしていたカストゥルバは、頑強に反対し、自分たちも南アフリカに行くと言い張った。さすがのガンディーもこれには折れて、ようやく家族一緒の暮らしが再開した、というのが実情だったようである。

ただし、南アフリカで家族が一緒になった後も、ガンディーは逮捕されたり、新聞社のために家を売って共同農場を開いたりする。いつも突然に、何の相談もなく自分で大事なことを決めてしまう。さらに、自分の妻は誰よりも厳格に自分の考えた決まりを守るべきだと命じ、宗教やカーストの違う人々との共同生活を強制する。頼りにならない、天衣無縫でわがままな夫だと言われても、仕方がないほどである。

けれども、カストゥルバは、一三歳のときから、少年モーハンダースを知っていた。神でも聖人でもない。夢を追い、正義を信じる、子どものような人だ、と。そして、彼女は、嫌なことは断固として嫌だと言い張る、実に強い女性だった。ガンディーからすれば、夫に従わない、強情な妻だった。しかし、だからこそ、この二人は、苦難を背負いながらも、互いに個性をつぶしあうことなく、二人三脚を続けることができたのかもしれない。

子どもたち

しかし、子どもたちは、事情が異なっていた。ガンディーは四人の息子に恵まれ、長男ハリラールは、ガンディーがイギリスに行く少し前の一八歳のとき、一八八八年に生まれた。次男マニラールは、イギリスから帰った後の二三歳のとき、一八九二年にラージコットで生まれた。三男ラームダースは一八九七年、ガンディーが二八歳のときに生まれ、四男デーヴダースは一九〇〇年、父親が三〇歳のときに生まれた。どちらも南アフリカで生まれた子どもである。

父母が波乱万丈の人生を歩んでいるということは、子どもたちの人生も落ち着かないものだったということを意味する。子どもたちは、一八九六年にラージコットから南アフリカのナタールに行き、一九〇二年にインドに戻ってラージコットに帰り、再び一九〇三年初めに父とともに南アフリカに向かい、一年後にはトランスヴァールのヨハネスブルグに移り住むことになった。暮らした家もさまざまである。おじさんが家長のラージコットの家、南アフリカのダーバンの家、もう一度おじさんのラージコットの家、ヨハネスブルグの家、フェニックス農場、トルストイ農場、もう一度フェニックス農場。

カストゥルバと子どもたち．南アフリカで，1902 年

インドには合同家族という伝統的な大家族の暮らし方があるが、それにしても、ガンディー一家には安定した「自分たちの家」がなかった。とくに、共同生活を始めてからは、家族のプライバシーはなくなり、父が連れてきた人々と一緒に暮らさざるを得なかった。

英雄を父に持つことは、妻子にとっては苦労の種だったにちがいない。見ず知らずの人たちが家に来る。暮らしの困難さ、職場の問題、政府の政策や弾圧など、いろいろなことを話し合っている。父の背中を見ながら、息子たちは何を思っていたのだろう。何か事が起こると、父は予想もつかない大胆な行動をとり、雄々しく政府に抗議する。兵士でもないのに戦場にさえ赴く。警察や暴徒に殴られてしまう。逮捕されて刑務所に入ったきり帰ってこない。

お父さんが帰ってこなかったらどうしよう。死んじゃったらどうしよう。周囲の仲間に賞賛され、新聞記事に掲載される父を、当然、誇り高く思っていただろう。しかし同時に、偉大な父の陰で、母を懸命に支えながら、心細さを我慢することもあったにちがいない。

それでも、息子たちは、父の生き方と自分の立場を受け入れ、折り合いをつけながら、なんとか順調に成長した。人々に愛され、家族をつくり、尊敬される人として人生を全うした。ただ一人、長男ハリラールを除いて。父に猛反発し、家出し、挫折を重ねた彼は、ついに家族も仕事も失い、非業の死を遂げた。父と子の問題は、終章で、もう一度触れたい。

3　サッティヤーグラハの創造

暗黒法との戦い

南アフリカでのガンディーの最大の功績は、インド人の権利を守るための新しい運動の創造である。その運動を「サッティヤーグラハ運動」という。きっかけとなったのは、一九〇六年八月、インド人移民に関する新しい法案、いわゆるアジア人登録法案の発表であった。

この法案によれば、インド系移民は、一定期間に新しい登録証に切り替えなければならない。申請するときは氏名・住所・カーストと身体上の特徴を書類に記入し、すべての指の指紋を取られなければならなかった。子どもの申請は親が行う。登録証の提示が求められたとき、提示しなければ処罰される。警官は、登録証を調べるために、令状なしにインド人の家に入ることができた。理不尽かつ厳しい内容の、「暗黒法」である。

ボーア戦争後のイギリスは、ボーア人との和平を結ぶとともに統治を再編し、人種差別と移民排斥について新しい強硬策を打ち出した。「暗黒法」が、インド人の首を絞めようとしていたのである。ガンディーは、「インド人社会にとって、これは生きるか死ぬかの問題」だと考えたが、「私の前に恐ろしい壁が立ちはだかり、道はどうしても見つかりませんでした」と回想している。

彼は「暗黒法」との戦いを決意し、すぐに帝国劇場で三千人規模の抗議集会を開いた。貧しい労働者が足を運び、ヒンディー語かグジャラート語、それらを翻訳したタミール語とテルグ語、そして英語も使って、議論が進められた。また、ヒンドゥー、イスラーム、シーク、キリスト教といった宗教の壁や、出身地やカーストの違いも乗り越えての連帯であった。人々は、「われわれインド人」(We, Indians)を合言葉に、「暗黒法」への不服従を決定した。

真理と非暴力より生まれる力

ガンディーは、ここで一計を案じる。運動の名前が必要だと考えたのである。

当初は、英語でpassive resistance(受動的抵抗)としたが、英語ではない、インドの名前がほしい。そこで、ガンディーの運営する『インディアン・オピニオン』紙上で、運動の名前を公募した。そうして選ばれたのが、「真理」(サダ)を「把持する」(アーグラハ)を結合した「サダーグラハ」という言葉である。実は、ガンディーの叔父の息子、マガンラールの考案だった。ガンディーはこう語っている。

私はこの名称が気に入りましたが、私が含めたいと思っていた意味が表されていませんでした。そこで私は「d」を「t」に変え、「ya」を付け加えて「satyagraha」に変えました。真理(satya)には非暴力(shanti)が含まれていますし、あることを主張する(agraha)と力(bar)が生まれますから、主張には力も含まれています。そこで、インド人の運動を「サッティヤーグラハ」、つまり真理と非暴力より生まれる力という名称で報せるようにしました。

ガンディーはこの運動の名前を、「協働者」と呼んだ仲間とともに創造した。しかし、「インド人には選挙権がない。数の上では少数派である。弱者である。武器を持っていない。それで、弱者の武器である受動的抵抗を手にした」と批判する白人もいたという。ガンディーは、「サッティヤーグラハは、数の力や武力を使うのではない。自らを強者と信じ、愛情の力にもとづいて、自らが苦痛を引き受けながら相手を乗り越える。真理を求めて、挑戦する相手に対しても、自分の愛する人に対しても、自分に対しても、サッティヤーグラハを行うことができる」、と力強く反論した。そして、現地のインド人協会や中国人の移民たちにも共闘を働きかけた。

ロンドンへの直談判

一九〇六年一〇月、ガンディーは協働者たちとともにロンドンへ向かった。イギリス本国の政府と議会に働きかけ、アジア人登録法案の可決を思い止まらせるためである。当時のトランスヴァールは、直轄領としてイギリス政府の下にあったから、直談判に及んだわけである。これが功を奏したのか、議会に検討委員会が設置され、帰りの船の上では「内閣が国王に助言した」という電報を受け取った。だが喜びも束の間、一九〇七年三月、本国から広汎な自治権を与えられたトランスヴァールの議会が、アジア人登録法を成立させてしまったのである。七月には許可証発給所が設けられてしまい、月末までにインド人は登録を申請するよう発令された。ガンディーらは、ただちに反対を表明し、登録ボイコットを始めただけでなく、インド人が登録しないようピケを張った。トランスヴァール政府は、運動の指導者に対して「クリスマスの週に治安判事のもとに出頭せよ」と指示し、指定日に出頭せず登録しなかった者はこの国から追い出すという命令を発した。ガンディーは逮捕され、翌年、二か月の禁固刑を命じられた。彼にとって、初めての刑務所生活であった。

留置場では、ガンディーのほか数百人のインド人たちが刑の宣告を待っていた。彼の逮捕後もボイコット運動は続き、週に一〇〇名を超えるインド人が逮捕された。このような抵抗を前に、政府も対策を迫られることになった。ガンディーの投獄から二週間後、移民担当大臣のスマッツ将軍は、インド人が自発的に登録するならばアジア人登録法を撤回すると発表した。ガンディーはこれを受け入れ、他のインド人とともに釈放された。

年末にはインド人の登録は終了したが、待っていたかのように、スマッツ将軍は新しいアジア人法案と移民制限法案を議会に提出した。まったくの騙し討ちである。ガンディーを中心とするサッティヤーグラハ委員会は、法案が撤回されないなら登録証を焼却するとの決定を下し、二千名以上の人々の登録証を大釜で焼いた。ナタールからトランスヴァールに許可なく境界線を越えて侵入して、自ら逮捕されるという抗議行動も行った。これに対して政府は、インド人移民を強制送還するという脅しとともに厳しい姿勢を崩さず、インド人の抵抗はこれから後も続くことになる。

4　ヒンド・スワラージ

厳しい自己批判

闘争が長引くなか、一九〇九年にガンディーは再びイギリスに渡り、本国の政府、議会、世論に南アフリカのインド人移民の問題を訴えた。そして、その帰りの船上で『ヒンド・スワラージ』という著書を執筆する。彼の内なる思いを綴ったものだった。

『ヒンド・スワラージ』は、明治の知識人、中江兆民が一八八七年に著した『三酔人経綸問答』によく似ている。『三酔人経綸問答』では、兆民とおぼしき南海先生が、洋学紳士くんと豪傑くんという二人の客と酒を酌み交わしながら政治を論じる。『ヒンド・スワラージ』では、ガンディーらしき編集長が、若い読者の質問に答えて、インドの独立や自治を論じる。

このころ、アジアは実際に、激動の時代を迎える。列強の世界分割が進んだが、日露戦争では日本が大帝国ロシアを破り、アジアにナショナリズム運動の波が押し寄せ、トルコでは青年

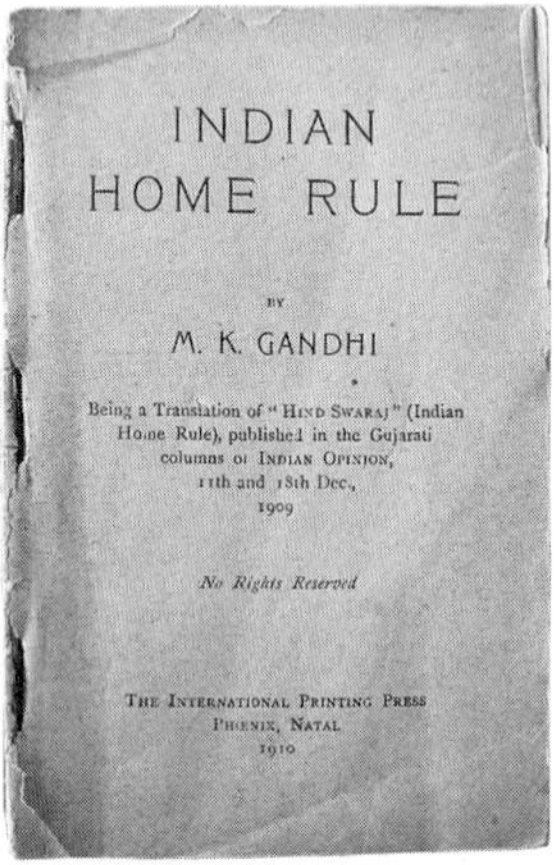

『ヒンド・スワラージ』英訳版の表紙

トルコ党が、中国では国民党が登場した。英領インドではベンガル分割反対運動が起こり、イギリス製の綿布や衣服を焼く「スワデーシ(国産品愛用)運動」が広がった。

『ヒンド・スワラージ』に描かれた編集者は、過激な手段も辞さずにイギリスと戦うべきだと気負う若者を前に、穏やかにインドの歴史や政治を説明する。若者は、インドも「日本のように自国の艦隊、自国の軍隊、自国の繁栄」を実現して、世界に名を馳せるべきだと豪語する。しかし、編集長は、若者の性急さを諫めようとする。そもそもイギリスの「今日の状態はまことに哀れむべきもの」だと言う。なぜならば、「イギリス人たちの――いや、ヨーロッパの――近代文明の欠陥です。その文明は非文明です。それでヨーロッパの国民は破滅しようとしているからです」、と。彼は、「文明が一種の病気である」と論じ、西洋の近代文明は、物質的追求と身体的安楽を求め、腐敗し隷属していると弾劾する。

さらに、この編集長は、「インドがなぜ滅んだか」という問いを立て、その答えとして、インド人自身の不甲斐なさを指摘する。インド人がこの国をイギリス人に明け渡してしまったのであり、インド人が帝国の支配を支えている。そして、「イギリスの下の平和」は真実ではなく、近代文明を担う「鉄道、弁護士、医者」こそが、インドを貧しくしたと喝破する。たとえば、「弁護士になるのは、他人の苦しみを除くためではなく、お金儲けのためです。それは金稼ぎの一つの道です。ですから、弁護士たちの利益は争いを大きくすることにあるのです」、と。振り返ってみれば、ガンディー自らもロンドン帰りの弁護士であった。

海上の垂訓

それでは真の文明とはなにか。編集長としてのガンディーは、若者に語りかける。「文明とは、人間が自分の義務を果たす行動様式です。義務を果たすことは道徳を守ることです。道徳を守ることとは、私たちの心と感覚器官を統御することです。このようにして、私たちは私たち自身を認識するのです」と答える。文字通り、一人ひとりの人間的な自治がスワラージとなり、それを求める生き方がサッティヤーグラハである。

この語は、人間たちが自分の権利を獲得するために自分で苦痛に耐える方法として使われています。その目的は戦争の力に反するものです。あることが気に入らず、それをしないときに、私はサッティヤーグラハを、または魂の力を使います。

では、誰が自治を獲得するのか。文中の編集長はこう言う。「半分イギリス人になっているインド人もインド国民の真の代表とはいえ」ないし、「西洋文明に汚染され、自治の声を上げている人々」でもない。つまり、これまでのような西欧的なナショナリストではだめなのだ、と。それでは、真の独立を目指すのは誰か。ここで、ガンディーは自信にあふれて自身の生き方を推奨する。「弁護士業を廃業し、自分の家に手紡ぎ車《チャルカ》を置き、布地を織る弁護士」、あるいは金や権力のためではなく、人々を説得し助けるために知識を使う人が主役となるのだ、と。

巻末には推薦書の一覧がある。工業化や近代文明を批判的にとらえ、社会改革を展望するものとして、トルストイ『神の国は汝らのうちにあり』、カーペンター『文明——その原因と治療法』、ソロー『市民の反抗』、ラスキン『この後の者にも』を挙げる。ナショナリズムや植民地問題を考察するために、イタリアのマッツィーニを推奨し、帝国によるインドからの「富の流出」を論じたインドのダーダーバーイ・ナオロジーや、イギリスの下での「インドの脱工業化」を指摘したR・C・ダットを紹介する。また、プラトンの『ソクラテスの弁明』を紹介していることは興味深い。知を愛し、アテナイを愛し、善き市民としてどう生きるかを若者と論じたソクラテスは、民主的な裁判で死刑に処せられた。すでにこのときのガンディーは、ソクラテスの生き方に共感を抱いていたに違いない。

そして、この本では、『バガヴァッド・ギーター』を中心としたヒンドゥーの聖典、イスラーム教の『コーラン』、キリスト教の『新約聖書』の言葉が随所に現れている。まさに、イギリス時代以降、ガンディーが独学で学んだものである。ロンドンからの帰路の船上で書かれた『ヒンド・スワラージ』は、イエスの「山上の垂訓」になぞらえて、「海上の垂訓」と呼ばれるようになった。ガンディーは四〇歳、不惑の年を迎えていた。

5　トランスヴァール大行進

トルストイ農場の建設

ロンドンから戻った翌年の一九一〇年五月末、ガンディーはヨハネスブルグ近郊に一千エーカーの土地を購入し、自給自足的な共同農場の建設に着手した。サッティヤーグラハ運動に参加して投獄された人たちには家族がいる。家族たちの生活は月々の手当金でなんとか維持されていたが、闘争の長期化によって手当金を節約しなければならなくなった。ガンディーはそこで、全世帯を一か所に集めて、一種の協同組合的社会の一員にすることで事態を打開しようとした。かつて、フェニックス農場を作ったときと同じような状況だった。

農場にはガンディーが敬愛する、ロシアの文豪トルストイの名前を冠した。トルストイが描いた理想の共同体を目指してのことである。農場への参加者は、グジャラート、タミール、アーンドラ、そして北インド各地の出身者たちであった。宗教も、ヒンドゥー、イスラーム、パールシー、キリスト教など様々であった。約四〇人が青年、老人が二、三人、夫人が五人、そして子どもたちが三〇人、そのうち女の子が四、五人であったという。

敷地内には学校がつくられたが、教師役になれるのは、ドイツからガンディーの思想に引かれて南アフリカにやってきたH・カレンバッハと、ガンディーしかいなかった。しかも、自給自足的な暮らしを目指したので、大人も子どもも労働のために疲れ果ててしまい、勉強に当てられた時間にも居眠りをしてしまう。そして、コミュニケーションを図るために、授業にはグジャラート語、タミール語、テルグ語の三つの言語を使わなければならない。ものすごく高いハードルであった。ガンディーは、後に、この農場でもっとも困難な課題が教育だったと振り返っている。

大行進

農場の建設と並行して、登録証に対する戦いは続けられた。一九一二年一二月にはインドから政治指導者のクリシュナ・ゴーカレーが南アフリカを訪れて、ガンディーらを支援して政府との調停を試みた。トランスヴァール共和国の首相となったボータ将軍は、一年以内に法律を撤廃し、インド人に一年に三ポンド課す三ポンド税も廃止すると約束した。しかし、結局、政府はまたもや約束を破り、ゴーカレーの調停は失敗に終わった。

ガンディーらは、トルストイ農場を閉鎖し、フェニックス農場を拠点に、弾圧を被ることも辞さず、長い戦いを行うことを決意し、女性の運動も開始された。政府が新たに、キリスト教の儀式を経ず、役所にも登録されていない結婚は無効とする、という新方針を打ち出したからである。新法ができれば、インド人の結婚は無効となり、子どもも嫡出子の身分を失う。そこで、ガンディーの妻とフェニックス農場の草分けメンバー一六名の女性が、法を犯してナタールから越境してトランスヴァールに入り、逮捕される抗議活動を行った。

運動は大きな広がりを見せていたが、ガンディーには気がかりなこともあった。運動に参加する人々は絶え間なく増えていく。この人たちに住む家を与え、食べ物を与えるにはどうしたらよいのか。

わたしは、直面した問題の解決策をいろいろ思案しぬいたすえ、一つの案を作った。この「軍勢」を

南アフリカ訪問中のゴーカレーとともに．1912 年

（ナタールから）トランスヴァールに連れて行き、フェニックス部隊のように、彼らを無事定住できるようにすることであった。「軍勢」は約五千に達していた。これほどおおぜいの人間に汽車賃を出すだけのお金は、わたしのところにはなかったので徒歩行進をやることを決意した。

ナタール州のニューキャッスルから隣のトランスヴァール州に入り、ヨハネスブルグまで歩き、そこからトルストイ農場を目指す作戦である。ガンディーは大行進を総指揮する立場にあった。行進を始めるに当たって彼は、スマッツ将軍に電話をかけ、紛争解決の最後の可能性をさぐった。しかし、将軍からは「貴下に関わりを持ちたくない。貴下は貴下の好きなように行われたい」との返答を受けたのみであった。翌日、予定の時刻に、彼らはお祈りをあげ、神の名において行進を開始した。

逮捕につぐ逮捕

参加者は、青年が二〇三七人、夫人が一二七人、子どもが五七人。朝早く招集され、行進中の規律を教えられて出発した。行進一日目は、八マイル離れた町で一泊し、参加者はパンと砂糖の食事をして休んだ。そこでガンディーが逮捕された。彼は自分が逮捕されても行進を続け

何千人もの人々が歩いたトランスヴァール大行進．1913年

るよう指示し、翌日には裁判にかけられた。検察は一四日間の拘留を求めたが、ガンディーは多数の人々の行進に責任を負っているとして保釈を要求した。判事は五〇ポンドの支払いで保釈を認めた。友人カレンバッハが自動車で迎え、ガンディーは行進に追いついた。こうした事件は、すべて『トランスヴァール・リポーター』紙の記者によって報道された。

人々はさらに歩を進めたが、しばらくすると再びガンディーが逮捕された。夕方、彼が人々にパンを配っているときに、治安判事がやってきて逮捕を告げたのである。ガンディーは五名の仲間とともに裁判所に出頭させられたが、再び保釈を申請し、五〇ポンドを払って保釈された。他の仲間は拘留されたままだったが、ガンディー自身はインド人商人の用意した馬車で一行に合流し、ヨハネスブルグの近くまで到達した。

ガンディーはここでまた逮捕された。ゴーカレーに言われてイギリス人の友人のポラクが、インドからガンディーに会いに来ていたが、トランスヴァールの首席移民官と警察官が逮捕のために訪れた。このようにガンディーは繰り返し逮捕されたものの、トランスヴァール政府は行進を止められず、一行はバルフォアという町に着いた。このとき、政府は人々に特別列車でナタールに戻れと命令を下した。人々はガンディーの釈放を要求して抗議したが、ポラクらに説得されてようやく乗車し、ナタールへの帰路についた。

インド人救済法案

逮捕された人々は、ナタールの刑務所に収容された。しかし、これだけ多数の人を収監することはできない。そこで政府は、これらの人々を炭鉱で労働させようとしたのだが、彼らはそれを拒み、そのために、殴られたり、蹴られたりした。これらの出来事は、電報で逐一インドに伝えられ、報道された。南アフリカ問題はインドで大きく知られるところとなった。

インド総督ハーディングは、南アフリカ政府を批判する声明を出し、これを受けたスマッツ将軍は調査委員会を設けざるをえなかった。委員会の勧告後、政府はガンディーらを釈放した。しかし、インド人側は白人だけの委員会は不当だとして、自分たちも加わった委員会をつくるべきだと主張し、抗議を続けた。

折しも、南アフリカ連邦鉄道のヨーロッパ人の従業員による大規模なストライキが勃発し、鉄道従業員のほうからガンディーたちに共闘したいという申し入れがあった。ところが、ガンディーはこの申し出を断った。政府を窮地に陥れ、それを利用して戦うことは卑怯だと考えたのである。きわめてガンディーらしい決断である。

ガンディーはスマッツ将軍と交渉を続け、結局、調査委員会はインド人移民の要求をすべて認めるという結論を出し、政府はインド人救済法案を公表した。三ポンド税を廃止し、インドで合法と認められる結婚をすべて合法とするものである。一九〇六年に始まったサッティヤーグラハ運動は、何年もの闘争の末、ここに終結した。

その成功を見極めて、ガンディーはインドへの帰郷を決意した。南アフリカにおける自分の使命は完了したと考えたのである。一九一四年七月一八日、第一次世界大戦が勃発した数日後、ガンディーは南アフリカに別れを告げ、イギリスに向けて出発した。病気でイギリスに滞在するゴーカレーを見舞ってから祖国に帰る予定だった。この年一〇月、彼は四五歳になった。

第3章
マハートマへの道

チャンパーランでのガンディー．1917年

1　招かれた指導者

二二年ぶりの帰郷

この章では、南アフリカで移民を率いた外国帰りのガンディーが、第一次世界大戦中から大戦後のほぼ一〇年間に、インドの民衆的な指導者となっていく歩みをたどってみたい。

四十代半ばから五十代初めにかけてのガンディーは、人生でもっとも自信と精力にあふれた時期だった。驚くべきことに、インド政治の世界にデビューしてから、きわめて短期間に、彼は「マハートマ」と呼ばれるような存在への道を歩んだのである。一九一七年から一九一八年へかけての各地におけるサッティヤーグラハ、一九一九年には大戦後の混乱状況の中で全国的な反ローラット法運動、そして一九二一年には会議派の中心人物として非協力運動の実施と、ホップ・ステップ・ジャンプのように羽ばたいていった。

マハートマの出現は、インドの人々にとっても大きな変動をもたらした。この章では二つの点で、ガンディーの人生とインドの運命が結びついたことを説明しておきたい。一つめは、インドのナショナリズムの思想と運動と、南アフリカで経験を積んだガンディーの思想と運動とが有機的に結合したことである。だからこそ、一九二〇年代以降、「ガンディー主義」がインドのナショナリズムを特徴づけると考えられてきた。

二つめは、インドのさまざまな民衆の運動とガンディーの運動とが結びついたことである。それまでのナショナリズムの担い手は、おもに都会のエリート弁護士だった。ガンディーは都市においては労働者や貧しい住民と、農村においてはさまざまな利益や権利を持つ農民たちと手を結んだが、逆にこうした人々もガンディーの指導に期待を寄せて、非暴力の抗議運動に立ち上がった。まさに、ガンディーを仲介者としてエリートの政治と民衆の政治、都会の政治と農村の政治が結合したのである。

しかし、これらは後から歴史を振り返ったときに言えることにすぎない。長らく南アフリカで生活していたガンディーは、まるで浦島太郎のように未知の故郷へと足を踏み入れたのである。

アーシュラムの建設

一九一五年一月、ガンディー夫妻は晴れてボンベイ港に到着し、インド国民会議派の指導者や民衆に華々しく出迎えられた。しかし、ガンディーの頭の中に、これからどうするかについて、はっきりしたプランができていたわけではなかった。

一つめは、かつてマラータ王国の都であったプーナで、先輩のゴーカレーから頼まれた、イ

伝統的な衣装に身を包んで，インドに帰国したガンディー夫妻．1915 年

ンド奉仕者協会の運営を引き継ぐというプランである。だが、訪問したとたんに、人々との温度差を感じたらしく、すぐに退去している。二つめは、有名なベンガル詩人ラビンドラナート・タゴールの設立した学園シャンティニケタンに行くというものだった。イギリス人の盟友C・F・アンドリュースの提案だったが、ここでもうまくいかず、仲間とともに早々に立ち去った。

こうして帰郷後のプランはいずれも失敗し、結局、故郷でアーシュラム（道場）を建設することになった。場所は、グジャラートの都アーメダバード（現アフマダーバード）の郊外で、富裕な資本家から財政支援を受けた。この町は、古くから手織物業の盛んな土地であったが、第一次世界大戦中には、イギリス製品の輸入が止まったこともあり、ボンベイと並ぶ綿工業地帯として急速に発展していた。

ガンディーはアーメダバード近郊のコチラブという村で知り合いのバンガローを借り、フェニックス農場やトルストイ農場に似た「サッティヤーグラハ・アーシュラム」の建設に着手した。まず、男女二五人が家族として暮らすことになった。アーシュラムの憲法を定め、カーストや宗教にかかわらず、平等に規則正しく暮らすことが約束された。親戚の若きマガンラールがガンディーの右腕として働いた。

しかし、いくつも問題は発生した。ボンベイで教員をしていた人の家族が参加したのだが、カースト社会の底辺に属す身分の人々であったため、隣人から苦情が寄せられた。井戸の水が穢れてしまうというのである。道場を支援していた人々もこれに怒って手を引いてしまい、たちまち資金が底をついた。道場内も不穏な空気となり、妻カストゥルバは、インドは南アフリカとは事情が違うのだ、とガンディーに反発した。このときは、豊かな商人から匿名の援助を得て、道場は破綻を免れたものの、ガンディーにとっては大変な出発であった。

とはいえ、人々がガンディーに期待していたことも確かで、「いつサッティヤーグラハを行うのか」とたびたび尋ねられた。ガンディー自身も意欲に燃えていたが、ゴーカレーと交わした約束があった。経験を積むためにインドを旅すること。このステップを完了するまで、公の問題にはいっさい意見を言わないこと。焦りは禁物だ、と。帰国直後のガンディーは、三等列車でインド各地を旅し、インド国民会議派の年次大会に参加し、アーシュラムを建設し、移民労働者の支援活動やグジャラート語の教育を推進する運動に着手した。

ただし、必ずしも静かだったわけではない。アワド王国のマハーラージャに招かれてベナレス(現ヴァラナシ)大学で講演したとき、ガンディーは騒動を起こした。マハーラージャの前で、「なぜインドの金持ちは宝石で着飾って自治を主張するのか」と、威勢よく論じたのである。学生の大喝采を浴びたものの、会議派の重鎮アニー・ベザントを憤慨させ、マハーラージャを怒らせた。大物政治家ティラクからは、叱責の手紙を受け取った。意気盛んな若さを感じさせる話である。

チャンパーラン

さて、一九一七〜一八年は、ガンディーにとっても、インド史にとっても重要な転換点となった。彼が、ビハール州チャンパーランでの農民運動、グジャラート州アーメダバード市の労働争議、さらにグジャラート州ケーダ県の農民運動と、三か所でサッティヤーグラハを指導して大成功をおさめ、新しい指導者として彗星のように登場したからである。

まず、チャンパーランとはどのような土地だったのか。ここはビハール州の北西部にあり、その北はネパールで、当時はビハール＝オリッサ州の管轄下にあった。ベンガルの後背地であり、一九世紀にはイギリス人の資本家が進出して土地を確保し、藍(インディゴ)のプランテーション、つまり大農園をつくった。産業革命を驀進するイギリス本国の綿工場が必要とする染料の藍である。東インド会社は鉄道を敷き、税務署、警察、裁判所が置かれた。イギリス人用のバンガローが建てられ、ホテルやクリケット・クラブが開かれた。ちなみに、小説家のジョージ・オーウェルは、父がインド政府の役人として働いていたため、チャンパーランの県庁所在地モーティハーリ生まれの人である。

藍プランテーションで働かされる農民たち

藍プランテーションには残酷な歴史がある。土地を買い取ったイギリス人の農園主は、ティンカティア(二〇分の三)制度というしくみの下で、農民に藍栽培を強制し、収穫物を安く買いたたき、労働を強制し、地代やその他の代金を支払わせた。一八二八年にファリドプル県の司法長官は、農園主に射殺された農民の何人もの遺体を確認し、「イギリスに届けられた箱詰めの藍は、人々の血で必ず汚れている」と報告したほどである。

一九世紀末にドイツ製の化学染料が市場に出されると藍は売れなくなったが、農園主は他の作物への転換を許さず、農民から搾り取ることで自らの収入を補填しようとした。第一次世界大戦中はドイツからの染料が入手できなくなったため、再びインドの藍への需要が高まり、農園主には好機となったが、戦時の物価高騰を前に、農民の暮らしは厳しさを増すばかりだった。

シュクラとの出会い

チャンパーランの農民にも、長い抵抗の歴史がある。そのような農民の一人が、ガンディーをチャンパーランに案内したラージクマール・シュクラであった。一九一五年四月、シュクラはビハール州の会議派大会でチャンパーラン問題を訴え、それを受けて州会議議長のブラジキショール・プラサードは、ビハール州議会でチャンパーランについての調査委員会を設置するよう政府に要求した。だが、政府は何もしない。業を煮やしたシュクラは、同年一二月、ラクナウで開かれたインド国民会議派の年次大会に行き、再び訴えを繰り返した。その大会に、ガンディーが出席していたのである。

大会の焦点は、戦争協力と引きかえにインドの自治を勝ち取ろう、という緊迫した政治問題だった。だから、貧困を訴える片田舎の農民の声など、かき消されてしまう。しかし、シュクラはあきらめない。白い衣装とターバンで現れたガンディーが、「七〇〇〇万の農村こそインドだ」と語ったとき、彼にひと目惚れしたシュクラは、何とかガンディーに取り次いでもらい、チャンパーランの農民救済案をガンディーが提案してくれないか、と頼み込んだ。かなり強引な話なので、ガンディーも驚いたが、何も知らない者が提案できないと断った。

大会二日目、ブラジキショールが「ビハール北部の農業問題と、藍を栽培する農民とヨーロッパ人の農園主の間の緊張関係について、政府が役人と民間人とから成る委員会を任命するよう、会議派は強く要望する」と提案し、シュクラも発言し、この提案は可決された。しかし、会議派大会で決議されたところで、状況は何も変わらない。シュクラは、事態を打開するには、チャンパーランにガンディーを招くしかないと決意し、アーメダバードまで説得に出かけた。

ガンディーは、カルカッタの会合に行く途中に寄ろうと約束したものの、その後も行き違いなどがあり、なかなかチャンパーランに足を向けなかった。かなり不便な土地にあり、ガンディーは及び腰だったのである。しかし、シュクラは粘り、カルカッタに行った帰りのガンディーをつかまえて、二人で現地に向かうことになった。一九一七年四月初めの、暑い盛りである。

逮捕、調査、交渉

シュクラとともに、ビハールの州都パトナに夜半到着したものの、誰もガンディーの訪問を知らされていない。ガンディーは、旧知の友や知り合いを辿りつつ、チャンパーランへと歩を進める。会議派自体が、ほとんど活動したことのない土地だ。そして、イギリス人の農園主の下で、悲惨な暮らしに耐えている農民たちに会ったとき、ガンディーはこの問題に自ら取り組む、と宣言せざるをえなかった。

「ビハールからティンカティア制度を駆逐してしまうまでは、じっとしていられません」、とガンディーは語り、すぐさま有志を募る手はずを整えた。近隣から若い弁護士や教師や志のある農民の代表が集まった。「あなたたちの法律上の知識をお借りすることはありません。わたしのほしいのは事務上の援助と、通訳になっていただくことです。あるいは刑務所に入れられることになるかもしれません」。ガンディーは、数年前まで南アフリカでしてきたように、協働者たちに覚悟と無償の協力を呼びかけた。

ガンディーは、まず農園主協会に会見を申し込んだが、直ちに断られた。そのうえで、小作人たちからの依頼に基づいて、自分が農園の状況を調査すると伝えた。一種の宣戦布告である。県の税務監督官からは退去命令が出されたが、ガンディーはその日のうちに、協働者たちと連れだって、モーティハーリに向けて出発した。

モーティハーリには県の役所と裁判所があり、そこから少し離れたベッティアという町の近くに、シュクラの住む農村があった。翌日、ガンディーが農民の聴き取り調査に出かけると、警察署長の使いが追いかけてきて、退去命令を手渡した。ガンディーは、調査終了まで命令には従わないと回答し、夜を徹して、仲間に指示を与え、数々の書簡を認めた。

こうしてガンディーは逮捕されたが、その噂は瞬く間に周囲に広まり、多くの人々が裁判所に押し寄せた。騒動を恐れた警察側は裁判所での審理を延期しようとしたが、ガンディーは退去命令に違反した自分は確かに有罪だとし、罰金の支払いも拒み、刑務所に入れられることを望んだのである。「抗議をせずに不服従の処罰に服すること」を宣言したガンディーに対して、判事は判決の延期を決め、州知事は訴訟の撤回を命じた。同時に、県長官から、ガンディーは自由な調査を行ってよいし、政府もそれに協力するという内容の通知を受けた。

ガンディーがイギリス人の政府に勝利した――。農民は歓喜し、ガンディーのもとを次々に訪れた。彼らの証言を正確に記録するために、作業チームが結成された。ガンディーは、農民からはお金を受け取らず、チャンパーラン県外の、つまり利害関係者ではない、近隣の富裕な人々から寄附を集めて、活動資金を作った。調査活動の公平性や中立性を担保するためである。経費を節減するための、彼らしい工夫も行った。ボランティアで集まった青年弁護士の多くが、金持ちの息子で、召使いを同伴していた。ガンディーは、召使いたちを家元に帰し、皆が同じ野菜食を食べることとして、簡素な生活を指示した。農民たちは、西欧紳士のような青年たちが、灼熱の中で自分たちのために汗だくで働く姿に、「奇跡」を見たのではないだろうか。

イギリス人の農園主たちは、ガンディーの陰謀だと中傷したが、彼は怯まず、農民の証言を記録する作業を休み無しに進めた。ただし、証言には嘘や誇張が付きものである。ガンディーとその弟子たちは、事実を一つ一つ確認し、「真実を語るデータ」を積み上げて行った。農園主側の妨害に備えて、記録のコピーも作成した。また、公平性を保証するために、警察官を立ち会わせて、記録をとった。ガンディー自身が記録した証言を例に引いてみよう。

一九一七年五月一九日、チャイラバール地区、ドークラーハ農園のラージクマールのところのヒーラ・ラーイ、ドゥルガ・ラーイの息子

「自分は五〇歳くらいで、妻と暮らしています。息子が一人、娘が三人おります。チャイラバールに五ビガの土地と、ベルワ農園に一・五ビガの土地を持っています。ジラート(農園主から割り当てられた土地)のおよそ二・五カタが私に与えられています(チャンパーラン県の一ビガは約〇・五ヘクタールで、一カタはその二〇分の一)。ガンディー様を通してこのジラートを手放すことにしました。昨日午前一〇時、(農園主の)ホルツム様が私の家の近くまで……馬に乗って……三人の家来と来ていました。何人かの人が集まりましたが、ホルツム様は言いました。『おまえたちは私にジラートを返してきたが、何をしたいんだ。おまえたちはその付けを払わなければならない。あの土地で草を食む水牛一頭につき一二アナ、雄牛一頭につき八アナ、雌牛一頭につき四アナを徴収する(アナは通貨の単位で、一ルピーの一六分の一)。払わなければ家畜を取り上げる。さらに、おまえたちは藍を植えなければならない』と。これまでは、草場で家畜を食ませるのに何も支払わなくてよかったのですが」(聞き取りはM・K・ガンディー、ラージェンドラ・プラサードの翻訳、インド国立

公文書館ラージェンドラ・プラサード私文書チャンパーラン文書より）

藍農園での対決

こうして非常に短期間に、ガンディーらは「チャンパーランの農民の農業的条件」という報告書をまとめ、政府に提出した。四千名以上の農民から証言を集め、内容の信憑性を確認し、農村の実地調査を行い、裁判所の既存の判決なども検証した成果の報告書であった。調査は続行されていたが、暫定的な結論をもとに、政府の早急の対応を促したものである。暴力的な事件などが起こる前に、迅速に農園主と農民の利害調整を行うことが目的だった。

問題は土地制度にあった。農園主が保有しているジラートという土地で農民に耕作させるしくみがあり、農民はほとんどただで労働を強いられてきた。また、農園主の下で小作をする農民が、二〇ビガの土地について三ビガの土地の割合で藍栽培を強制されるというティンカティア制度は、きわめて苛酷なものだった。しかも、農園主側は良質な土地を藍栽培にあてさせ、収穫物を安く買いたたいた。

すでに述べたように、化学染料の登場で自然の藍の価値は下がり、他の物価が高騰している。それなら米などの商品作物を栽培したほうがよいが、農園主が許可しない。彼らは、藍以外の栽培を行うなら一ビガあたり一〇〇ルピーの代金(タワン)を支払えという。土地に担保を設定し、高利で資金を貸し付ける。おそろしいことに、地代が引き上げられたところもあった。農園主の圧政は政府ですら呆れるほどだったが、何千人もの小作農から話を聞いたガンディーらの報告書は、具体的な数字を示し、冷静に彼らの貧窮の実態を証明していた。

報告書を受け取った政府側は、土地査定官、県長官、農園主にも報告書の提出を求めた。一九一七年六月初め、州知事のエドワード・ゲイト卿がガンディーをラーンチーの町に呼び出し、会見を行った。ガンディーの陣営は、もしもガンディーが逮捕されたら、ブラジキショールらが運動を指導することを計画していた。知事はあらためてガンディーがビハールを出ていくよう命令したが、ガンディーは後に引かなかった。

両者の交渉は長引いた。ガンディーは、政府が農民の苦情を純粋なものと認め、彼らを救済するか、あるいは公の調査委員会を設けるか、どちらかの対応を取るならば、彼の調査活動は終了してもよいという提案を行った。結局、ゲイト卿は調査委員会の任命を約束し、ガンディーにも加わってほしいと提案した。ガンディーは、調査の進行中、自分の協働者と自由に協議してよいこと、自分が農民の顧問を辞めないのを政府が承認すること、委員会の調査結果に満足できなかった場合、彼が再び農民を指導して彼らに勧告を与えられること、などを条件として、委員会に参加すると伝えた。知事はこの申し出を承認し、委員会が発足した。

結論的には、委員会は、農民に有利な判定を下した。まず、委員会が不法と判定した強制取り立ての取り分を、農園主は農民に返還すること。政府は、ティンカティア制度の廃止措置を立法化すること。これらの勧告に、農園主側は強硬に反対したが、州知事は調停を望み、委員会は満場一致でこの内容の報告書を採択した。それに基づいて、州議会はティンカティア制度を廃止する法案を成立させた。こうしてガンディーが指導したチャンパーランのサッティヤーグラハは、華々しい成功をおさめたのである。

2　農民たちとのつながり

農民抵抗の歴史

ガンディーの登場でこの土地の政治は大きく変わった。一時的ではあれ、豊かなエリートの政治から、貧しい民衆の政治へと転換したのである。しかも、その変化を引き出したのは、農民自身であった。農園主や役人や警官を前に、勇気を出して証言したのは、何千人もの名もない農民たちである。そして、田舎臭い農民のシュクラなしには、このサッティヤーグラハはあり得なかった。

すでに述べたように、チャンパーランにも農民運動の歴史があった。政府に陳情し、裁判に訴え、抗議やボイコットも行ってきた。一八七〇年代後半に他県から波及した藍工場の争議は、チャンパーランにも広がり、暴動となった。農民はティンカティア制度を破り、藍の作付けを拒み、他の作物を栽培するという抵抗も行ってきた。これに対して農園主や藍工場主は組合をつくり、政府に圧力をかけて農民を押さえつけた。だが、しばしば争議が起こり、農園主や役人との交渉が必要になってくると、地元の弁護士が次第に活躍するようになった。

一九〇五年のベンガル分割反対運動が始まると、この辺境の地にも時代の波が到来した。一九〇七年から翌年にかけて、チャンパーランのテルハラ工場で、怒った農民に経営者が撲殺される事件が起こったが、農民たちはこれを機に藍栽培を止めると宣言し、訴訟を起こした。これに対抗して、藍工場の経営主は運河を通る水を止め、水を使った農民を窃盗犯として訴えるという暴挙に出た。一九〇八年夏にも、ティンカティア制度に不満を持つ農民が決起し、農民集会が催され、一〇月には藍工場で管理人と経営者が襲撃された。暴動が広がって軍事警察が導入され、二六六名の人々が暴行罪で有罪となり、罰金が科せられた。政府は調査報告をまとめ、農園主協会に働きかけて藍の買い取り価格を引き上げさせ、ティンカティア制度で藍栽培に当てさせる土地を、一ビガにつき三カタから二カタに減少させる、と約束した。

一九一一年一二月にイギリス国王のジョージ五世が訪印したときの逸話も残っている。彼の一行はネパールで象狩りを楽しみ、その帰りにチャンパーランを通ったのだが、農民の窮状を国王に直訴するため、一万五千人もの農民が鉄道の駅に集まり、大声で叫んだ。側近たちは、民衆が歓呼の声をあげていると国王に説明し、農民の抗議文書も葬ったという。一九一四年には、ロムラシングという農民の指導者が、七〇〇名の農民の署名した請願書をティルフット県の徴税官に提出し、強制栽培や地代の引き上げに抵抗した。けれども、訴えた農民たちは捕らえられ、処罰された。

このような、農民たちの粘り強い、血みどろの戦いの歴史を踏まえて、シュクラやブラジキショール、そしてガンディーが登場したのである。

社会の仲介者

シュクラという人について、改めて考えてみよう。彼は、けっして貧しい農民だったわけではない。ベルワ農園の土地を借り、大規模な小作を行う、四十代初めのブラーフマンの農民だった。自分の村と先祖の村に家を持ち、四つの村に二〇ビガの土地を保有し、竹林や樹木、六〇頭の水牛、三〇〇頭の牛を所有する豊かな農家で、金貸し業も営む資産家だった。かつては、藩王国ベティアの女王に仕え、アラーハバード(現イラーハバード)のブラーフマンの大地主の一五ビガの土地を管理し、ハルディアの藍工場では監督として働いた経歴があった。つまり、財力も経営能力もあって、村人に信用の厚い有力者であった。

こういう人が、外国人の藍農園主に苦しめられる同胞の農民のためにひと肌脱ぐ時代になっ

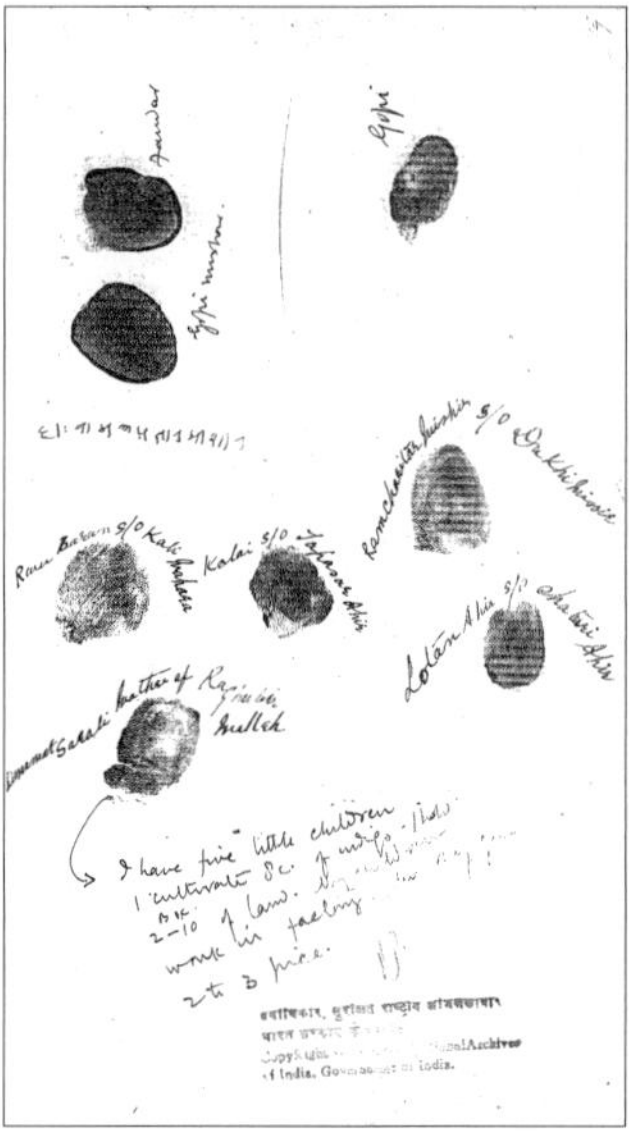

チャンパーラン文書より．インド国立公文書館蔵

たということだろう。自分がベルワ農園から追い出される争議が起こったとき、モーティハーリの裁判所に行き、それが縁で弁護士と知り合いになり、会議派の活動に触れるようになったらしい。そしてまた、ガンディーの作業チームに加わったのは、地元の比較的豊かな家の人々で、教育を受けた弁護士や教師の一群だった。チャンパーランの運動を研究したJ・ポシェパダスによれば、全国の政治と地元の政治をつなぐ、そしてまたエリートと農民をつなぐ、「社会の仲介者」が登場してきたのである。

筆者は、十数年前に、ニューデリーのインド国立公文書館でチャンパーラン文書を調べたことがある。大きな紙に、一人ひとりの農民の名前、土地の広さ、収入などのデータが、細かく記録されている。女性の農民は、「誰々の母」「誰々の妻」といった形で、それこそ名前でない名前で記載されている。字の書けない人が多いので、正しい証言だということを、署名ではなく、拇印を押して証明している。面接調査した日付、場所、ガンディーやその他の人々の署名が、文頭や文尾に力強く記載されている。

これらの文書を読み解くだけの十分な力を私は持ち合わせていなかったが、黄ばんだ紙の向こう側に、これまでも、そしてこれからも出会うことのないチャンパーランの農民たちの姿が、一瞬、透けて見えるような気がした。それは、ガンディーと、「社会の仲介者」という地元のエリートと、農民としての民衆とが手をつないで、サッティヤーグラハを成就させた「奇跡」を証する、感動の文書であった。

人々の権利意識の目覚めと新しい形の運動は、伝染し流行する。チャンパーランの後、ガンディーらの拠点のグジャラートでも二つのサッティヤーグラハが展開された。一つはアーメダバードでの労働者の運動、もう一つは農村地域ケーダでの農民運動である。ガンディーの名声は高まり、サッティヤーグラハという創造的な戦術が、民衆的なナショナリズムを推進する時代の幕が上がった。

さて、この頃、アーシュラムのある村でペストが発生した。ガンディーらは、町や村から離れ、広々とした清潔な場所に新天地を求めて、サバルマティ川の岸辺に移転する。これが、やがて「サバルマティ」と呼ばれるアーシュラムとなる。

3　反ローラット法運動

ハルタールの実施

一九一五年に穏健派の領袖であったゴーカレーが逝去した後、会議派の中で尊敬され影響力を発揮してきたのはティラクやベザントであり、第一次世界大戦後の自治獲得を要求したインド自治連盟の運動を展開させたのも、こうした人々であった。だが、ガンディー自身は、第一次世界大戦が始まった後は、ボーア戦争のときと同じように政府を支援する姿勢を公にしていた。一九一四年に滞在したイギリスでは、戦場の負傷兵を救護するインド人部隊を企画したし、一九一八年にはインド政府の新兵募集に協力し、周囲から批判を招いたほどである。ガンディーはこの時点では、大英帝国の臣民として戦争協力は義務だという立場を変えていなかった。

しかし、ドイツが敗戦し、終戦を迎えると、政情が変わった。戦争協力の見返りに、イギリスはインドの自治を拡大し、恩に報いてくれるだろうという、人々の期待が広がったのである。第一次世界大戦では二〇〇万人以上のインド人が戦地に赴き、膨大な額の資金や物資の提供を行ったとされている。だが、イギリス側が期待を裏切ったばかりか、治安政策を強化する方針を打ち出したのである。一九一九年三月、一九一五年のインド防衛法の焼き直しとして、無秩序革命犯罪法、いわゆるローラット法が制定されたのである。

ガンディーはこれに反発し、総督に宛てて抗議文を送った。ケーダの闘争でガンディーの右腕となったヴァッラブバーイ・パテール、アーメダバードのサッティヤーグラハでともに戦った女性アナスヤベン、南インドの女流詩人サロジニ・ナイドゥーらの有志が集まり、抗議運動を展開するためにサッティヤーグラハ・サバーという団体を結成した。

とはいえ、運動方針は明らかではない。ローラット法が成立した翌日、ガンディーは盟友の会議派指導者Ｃ・ラージャーゴーパラチャーリに方針を伝えた。

昨夜夢のなかで、わたしは各地に一斉休業（ハルタール）を呼びかけたらよい、という考えが浮かんできました。サッティヤーグラハは自己浄化の過程だし、私たちの戦いは神聖な戦いです。……全インド人に、その日は仕事を停止させて、その一日を断食と祈りの日として守らせようではありませんか。

ラージャーゴーパラチャーリはただちに賛成し、ガンディーの趣意書がサッティヤーグラハ・サバーから全国の会議派に伝達された。後年のガンディーの行動に照らすと、野心的かつ冒険的で、危険をはらんだ決定だったのかもしれない。カルカッタに代わって一九一一年より首都となったデリーでは、一九一九年三月末、ヒンドゥーとイスラームが連帯して他に先駆けてハルタールを行い、政府を驚かせたが、ほぼ同時に、警察の発砲で多数の人々が負傷させられる事件も発生した。しかし、四月六日、予定通り、全国各地でハルタールが実施された。

ヒマラヤの誤算

ガンディーたちの非暴力的な市民不服従の戦略は、次のようなものであった。まず、人々が不正な法を破り、逮捕や財産没収といった政府の対応を引き出すが、あえてそれらを甘受し、必要ならば刑務所に入り、こうした自己犠牲によって法と政府の不正を公に訴える。つまり、法を破らなければならない。塩法を破って海水から塩を作る作戦や、発禁処分になっていた『ヒンド・スワラージ』を印刷・販売する作戦。公共機関が止められ、役所や学校が休業となった。しかし、政府はこれらを取り締まることができなかった。

一九一九年四月七日、ガンディーはボンベイからデリーとアムリッツァー（現アムリットサル）に向けて出発した。予想通り、パンジャーブ州の近くまで来たとき、州境を越えることを禁じる旨の命令を警察から渡され、強制的に反対行きの列車に乗せられてボンベイに送還された。続いて、政府は弾圧をいっそう強化し、民衆側の緊張も高まった。ボンベイの海岸地区では、集まっていた数千人の民衆に警察の騎馬隊が突っ込み、多くの人々が負傷する事件が起こった。ガンディーは警察部長に抗議しつつ、人々に向けては非暴力と秩序を訴えた。

グジャラート州でも、一触即発の状況となった。中心都市アーメダバードでは、アナスヤベン逮捕の噂が広まって騒ぎとなり、ナディアド駅付近で鉄道レールが外され、ヴィラムガムでは政府の役人が殺された。こうした不穏な事態に対して、政府は戒厳令を敷いた。ここでもガンディーは、警察部長を訪ねて抗議し、民衆側も平和を回復するよう努めると約束した。ガンディーは三日間の懺悔の断食を宣言し、サッティヤーグラハの精神と非暴力の意義を人々に説いた。こうしたガンディーの介入の後、グジャラート州では戒厳令が解除された。

一方、パンジャーブ州では非常事態令が発せられ、緊張の中で大事件が起こった。アムリッツァー市のジャリアンワラ・バーグ公園で、ダイヤー将軍が民衆に向けた発砲を兵士に命じ、千人を超える死傷者を出したのである。この事件を知ったガンディーは衝撃を受け、サッティヤーグラハの開始が誤りだったのではないかと、自問自答することになった。


わたしは民衆に対して、彼らがそれを始める資格を持たないうちに、市民不服従を開始するように呼びかけてしまった。そしてこのあやまちは……ヒマラヤの大きさを持っていた。……人々が市民不服従運動をやるのに適した者になる前に、まず彼らはその深い意義を徹底的に理解しておくべきだった、ということを悟った。

いわゆる「ヒマラヤの誤算」である。ガンディーはサッティヤーグラハを続けるためにも、民衆教育を考案した。サッティヤーグラハ・サバーを通じて、サッティヤーグラハを修得した人々(サッティヤーグラヒー)の団体を組織し、小冊子を使って教育しようとした。

しかし、人々にサッティヤーグラハの平和的側面を気づかせることは、容易ではなかった。志願者も多くはなかった。反ローラット法運動は、ガンディーとサッティヤーグラハを一躍有名にしたものの、ローラット法案は成立し、暴力的な事件を抑止できなかった。その点では、成功というよりも失敗であったといえるのかもしれない。

4 政治運動に加わる

非協力運動

この時期、もう一つ大きな争点となったのが、オスマン帝国の解体によって終焉するカリーフ制を擁護する運動である。「ヒラーファト(カリーフを救え)運動」と呼ばれ、イスラームの人々の強い要求となった。首都デリーでは、ヒンドゥー教徒やイスラーム教徒は、平和回復の祝賀に参加すべきかどうかの問題を討議する会議が開かれた。新しい指導者として注目されるガンディーも招かれ、演説を行った。「非協力」は、この演説の中で突然思いついたアイデアである。

イスラーム教徒は、非常に重大な決議を採択した。休戦条約が彼らに不利なものであれば――神はそれを禁じたもう――彼らは、政府との協力をいっさい停止するだろう。協力をさし控えるかどうかは、奪うべからざる民衆の権利である。

一九一九年末の会議派年次大会は、虐殺事件のあったアムリッツァーで開催された。折しも同年、新しいインド統治法がイギリス議会で可決されていた。これは、ベンガル分割反対運動の圧力を受けて植民地議会を設置した一九一九年統治法を踏まえ、戦時中に高揚したインドの自治要求を考慮した上で、新しい体制に再編することを目指した法律であった。具体的には議会選挙の有権者を増やし、州議会と州政府に一定の範囲で権限を委譲したものである。いわば、イギリス流の代表制や選挙制を変形させた、独特の植民地議会制であった。しかし、大幅な自治の拡大を求める会議派の中心的な指導者たちには、到底満足できない内容だった。

ガンディーは、もともとはこの法案を受け入れる考えであったので、大会には加わらないつもりだったが、彼よりもはるかに先輩の大物政治家たち――ベンガルのC・R・ダース、パンジャーブのP・C・パール、ロカマニヤ・ティラクら——に説得されて、大会に出席することになった。「アムリッツァーでの会議派大会へのわたしの出席で、わたしは会議派の政治運動に実際に足を踏みこんだとみなさなければならない」。

次世代の会議派指導者として招き入れられたガンディーには、二つの仕事が待っていた。一つが、ジャリアンワラ・バーグ虐殺記念事業の募金、つまり財源確保の問題。もう一つが、会議派の新規約の起草であった。当時の会議派には、大会と大会との間に活動する機関もなく、突発的な事項を処理する組織もなかったからである。

ガンディーらが起草した新しい党の規約に基づけば、各地方から選挙で代議員が選ばれ、地方組織のピラミッドの中心に会議派の事務局がつくられる。こうした体制の下で、年次大会で民主主義的に決定された目標や政策を次の年次大会までに責任をもって実現する。また、会費を引き下げて党員の裾野を広げ、民衆とともに活動する政党組織を形成する。会議派が、西欧的なエリートの会議から、民衆的な運動組織に転換するための土台であった。

ちょうど、イスラームの人々の反英運動も加速していた。大戦に勝った大英帝国が、オスマン帝国を終焉させる内容の講和条約を締結していたからである。「ヒラーファト」というスローガンで帝国に抗議するイスラームの人々にも、非協力と非暴力を訴えたガンディーは大人気を博した。ガンディーは、このとき五〇歳。まさに時の人となっていた。

カーディー運動

一九二一年に入ると、会議派は組織を挙げて非協力運動に取りかかった。非協力運動が完全に実施されれば、パンジャーブでの大虐殺やヒラーファトの不正が正されるだけでなく、一年以内にスワラージは実現する、とガンディーは公言した。

さまざまな方法で運動が展開された。イギリス製品の不買運動、カーディー運動、禁酒運動。警察・役所・軍隊などに勤務する者の辞任、大学の学生や高校の生徒の自主的な退学。弁護士による政府関係の仕事の停止。公共交通機関のボイコット。農民の地租不払い運動など、多様で興味深い、そして草の根の運動が創造され、実践された。

なかでも大きな原動力となったのが、カーディー運動である。ガンディーは帰国して以来、白いインドの服を着続けていたが、チャンパーランで上半身は裸、下半身にはドーティーという白い布を巻くだけのスタイルに変わった。数年前までスーツを着ていた姿からは、想像できないほどの変貌である。一九二〇年に非協力運動が開始されると、一九〇五年のベンガル分割反対運動以来の「スワデーシ運動」を再現し、イギリスの工場製品の衣料を燃やし、インド製の服を着ようという運動が広がった。

ガンディーのアーシュラムでは、「自分の着物のすべてを自分自身の手で生産した布で作る

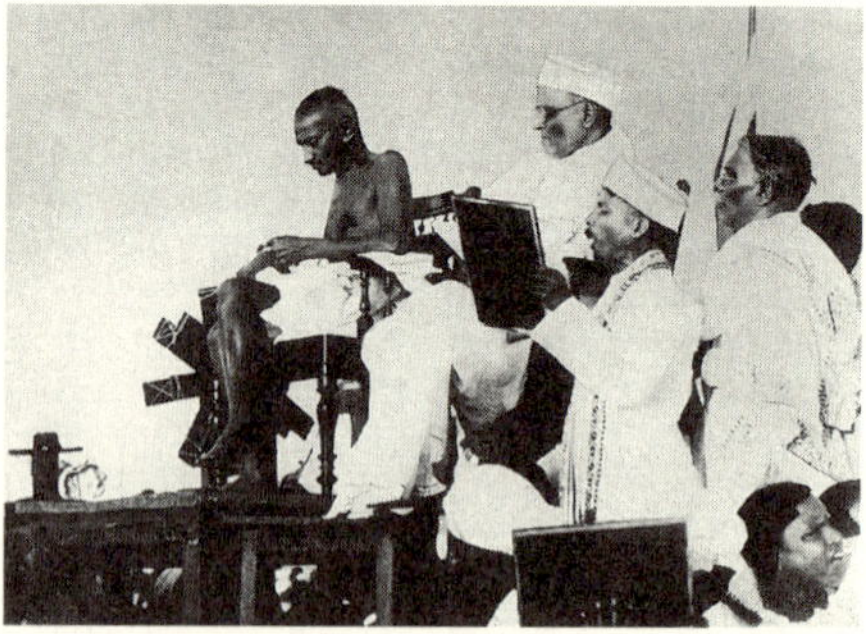

集会の壇上で手紡ぎ車を回すガンディー．1925年

こと」という目標が定められ、インド産の綿糸を使った手織りの布地のものを着ることが求められた。振り返ってみれば、『ヒンド・スワラージ』において、ガンディーはすでに手紡ぎと手織りのインド綿を復興すると論じている。しかし、実践に移すことは容易ではなく一九二六年に書いた『自伝』の中では、「一九一五年に……インドに帰ったときですら、実際にはわたしは手紡ぎ車を見ていなかった」と告白している。

手紡ぎの糸ができたら、今度はそれを使って布を織る必要がある。ガンディーらが伝統的な手織り機を探し出し、地元の機織り職人に辿り着いて教えを乞い、手織り作業に実際に着手したのは、ようやく一九一七年のことである。苦労の末、国産の綿糸を使う織物業者を見つけ、彼らの織った布をすべてアーシュラムで買い取ることで当座を凌ぐことにした。

だが、そこで止まらないのが、ガンディーである。インドの綿工場の代理店になっても、真のサッティヤーグラハではない。実は、グジャラートで伝統的な紡ぎ手は女性だったが、そうした人々はもう消え去ってしまった。だが、ガンディーはあきらめない。そして、ガンガベーン・マジムンダールという貧しいけれども熱心な女性が、方々を探し回った結果、バローダ藩王国で古い手紡ぎ車を発見し、さらに、綿糸を買ってくれるなら紡ぐ仕事をしたいという職人たちを探し出してくれた。これが、カーディー運動の突破口となったのである。

ここまできても、すべてが手で生み出された綿糸と綿布という夢は、なかなか実現できなかった。アーシュラムでは、暫定的に、インドの工場で生産された、綿花を加工して玉にした「篠巻《しのまき》」を使わざるをえなかったからである。そうこうするうちに、ふとんの綿を梳《す》く職人が見つかり、この人たちから「篠巻」を入手できるようになると、ガンディーとしては彼が考えていたような、混じりけのない手製の原料で糸を紡ぐことが可能になったのである。

このように、粘り強い努力の末に出来上がったのが、ガンディーの考案したカーディーの衣装であった。そして、このファッションは、瞬く間に全国的に流行した。非協力運動の集会を撮影した当時の写真を見ると、すでに白い服の人々で埋め尽くされている。白い帽子は、「ガンディー帽」と呼ばれて、団結の象徴になった。イギリスの大歴史家E・J・ホブズボームの言葉を借りれば、これこそが、インド・ナショナリズムの歴史における「伝統の創造」であった。

5　マハートマの出現

農民組合の結成

英語を話すエリートの弁護士が集い、決議を行い、政府に要求し、新聞に公表するという「ナショナリズムの政治」の古い形は壊され、多様な民衆が政治に加わる時代を迎えた。筆者の恩師で、歴史家のギャーネンドラ・パーンデーは、北インドの統合州(現ウッタル＝プラデーシュ州)における一九二一年から一九二二年の農民運動を分析し、農民運動とナショナリズム運動の連携はこの時期に形成されたが、同時に両者の間には根本的な矛盾が存在していたと論じた。

統合州にも、チャンパーランと同じように、農民抵抗の歴史がある。そうした経験を踏まえて、第一次世界大戦後の窮乏化を契機に農民運動が起こり、一九二〇年、アワド地域で農民の組合が結成された。そのときの農民の声明文が残されている。「我々農民は、偽りではなく、真実を語り、自分たちの苦難の物語を正しく伝える」という一文で始まり、「我々は争わない。もし争う場合にはパンチャーヤットで決着をつけてもらう。……困っている農民がいれば、我々は彼を助ける。我々は他の農民の喜び、悲しみを自分のものとして考える」と結ばれている。パンチャーヤットとは、村の長老五人で構成される会議である。

お金で土地を買った不在地主は、昔からの村の長とは違い、農民からお金や労働を搾り取るだけの暴政を敷きやすい。だからこそ、農民の要求は、「昔からの決まりを守れ」というものだった。地代は払うが、領収書をもらって、二度も取られないようにする。非合法な地代や、「白人招待代」「自動車購入代」「象購入代」といった新種の地代は拒む。ただ働きもしない。けれども、地主や金貸しは私兵を使って農民をいじめ、警察、裁判所、役所も彼らの味方をする。農民の声明文には、不当な弾圧への抵抗も謳われている。

二、我々は、誰からも殴られたり、虐待されたりするのを、我慢しない。我々は、誰にも暴力を振るわない。だが、領主の家来が我々に手を上げた場合には、五人とか一〇人で、止める。誰かが我々を虐待するなら、一緒にその人に頼んで止めてもらう。その人が聞き入れないなら、領主様のところに彼を連れていく。

七、我々は警官を恐れない。もしも警察が（我々を）押さえつけるなら、それを止めさせる。我々は誰の抑圧にも屈従しない。

集団的な抗議行動には、いくつものやり方がある。第一は、「床屋と洗濯屋が仕事を停止する」、伝統的な村八分の方法で、ハルタールという。いいかえれば、ストライキだ。第二は、集会。大勢の農民が徒歩や列車で移動し、指導者の釈放を求めて鉄道のレールに身を横たえて抗議し、夜中までガンディーを駅で待ったりしたのは、こうした集団的な示威行動になる。普段は黙って従う農民が、地主や役人や警官を恐れずに集まる現象こそ、連帯の証であり、「奇跡」である。第三は、地代や税金の不払い。これには、逮捕や土地・財産の没収が待っている。そして第四に、農民による暴力的な攻撃。市場や地主の家を襲い、役所を攻撃し、警官と衝突する。ガンディーは、農民がこの最後の手段に訴えないよう説得し、そうした事態になる前に、追い詰められた農民の状況を改善しようとしたのである。

「奇跡」の逸話

それでは、農民たちにとって、ガンディーとはどのような存在だったのか。政府のある報告書には、このような記述がある。

農民たちにとって、ガンディーとは、どこか遠くにいる、西欧の教育を受けた法律家・政治家ではなかった。ガンディーは、マハートマであるとともに、パンディット（ヒンドゥーの学者）であり、ブラーフマンであり、（アラーハバードに住み手織綿布を売る）商人ですらあった。……遠く離れた村々にさえ、ガンディーの名前は驚くほど知れ渡っている。ガンディーは何者で誰なのかを、はっきりと知っている人はいないようでも、ガンディーが命じたことは成し遂げなければならない、ということは、人々の常識となっている。

統合州ゴーラクプル県の非協力運動に加わった農民にとって、ガンディーは神のような存在だったと、歴史研究者のシャヒード・アミーンは論証した。そこここで、ガンディーの引き起こした「奇跡」の逸話が語られた。ガンディー様に祈れば、枯れたマンゴーの木に花が咲き、涸れ井戸に水が湧く。ソナウラという村では、涸れ井戸にガンディー様の名前を唱えて五ルピーを供えたところ、ゆっくりと水が湧きはじめた、という。

ガンディー様と唱えれば、ザミンダール(地主)や警官や悪い僧侶も手出しできない。ガンディー様と唱えれば地主に盾突いても罰をくらわず、地主の象にも踏みつぶされない。ガンディー様は大聖人、マハートマ、ラーマ王子の生まれ変わり。古代叙事詩『ラーマヤナ』(ラーマ王子伝)のように、スワラージの国が到来すれば、誰の暮らしも楽になる。ラーマ様万歳、ガンディー様万歳。それがスワラージだ。農民たちは、そう信じるようになった。

農村には農村の秩序がある。まっとうな領主や地主の旦那様は非道なことはしない。道に外れることが続くなら、神にかけて立ち上がらねば――。E・P・トムソンやジェームズ・C・

スコットは、中世から近代初期にかけてのイギリスや近現代の東南アジアの農民運動を研究し、自分たちの、代々守られてきた正義を掲げた農民の戦いを、「モラル・エコノミー」(道徳経済)という概念で説明した。大英帝国を相手にした国民的な運動の下で、それぞれの土地の人々が道徳的な正義のために命がけで戦った。字も読めない農民が「ナショナリズムの政治」に命をかけた最大の理由が、「奇跡」を呼び起こす、神のようなマハートマの出現だったのである。

第4章
塩の行進

塩の行進，1930年

1　完全独立を！

政治活動の自粛

一九三〇年は、インド・ナショナリズムの山場となる「塩の行進」の年であり、それを指揮したガンディーにとっては彼自身の人生の頂点に登ったときであった。植民地支配からの「完全独立」(プールナ・スワラージ)を目指して、塩税を課す塩法を破り、インド亜大陸の自然の与えた塩を自分たちの手に取り戻そうと呼び掛けるサッティヤーグラハが実現したのである。この章では、この有名な「塩の行進」を中心に、六〇歳を迎えたガンディーの姿をとらえてみたい。

ガンディーは少し前の一九二八年四月まで、政治の世界での活動を自粛し、カーディー運動などの草の根の活動に精力を注いでいた。その理由は、彼らしい律儀なものであった。一九一九年から始まった、最初の市民不服従運動を率いたガンディーは、一九二二年にチャウリ・チャウラの暴動が起こり、それを収拾した後、騒擾罪で逮捕された。六年の刑を科されてボンベイ州(現マハーラーシュトラ州を含む行政管区)プーナのイェルヴァダ刑務所に移されたが、一九二四年に虫垂炎を患って手術のために釈放され、刑期半ばで自由の身になった。だからこそ、正式に六年の刑期が終了するまでは表舞台には出ないと、心に決めていたのである。

もっとも、彼は働かずにはいられない人だった。刑務所の中でも許されれば家族や友人と面会し、会議派やその他の人々の相談にも乗った。他方、サンスクリット語を学んで『バガヴァッド・ギーター』を研究した。資料を取り寄せて『南アフリカでのサッティヤーグラハの歴史』をまとめ、人に勧められた『自伝』にも取り組んだ。刑務所から出た後は、「建設的プログラム」と彼が呼んだ、暮らしの改善運動を村々で推進し、「不可触民」への差別をなくすための運動を行い、ヒンドゥーとイスラームの共存を説き、外国製の綿布をボイコットし、カーディーを普及させるために、全インド紡ぎ手組合の活動を展開した。

サイモン帰れ

実は、一九二三年には新しい統治法の下で、限定的な権限が委譲された州議会の選挙が行われ、会議派にも議会政党としてのスワラージ党が結成されて、大物政治家たちはすでに議員となって活動していた。いわば、民衆運動の波が去り、エリート政治の季節が到来したのである。そういうときには、民衆運動を指揮する名手であるガンディーには、静かにしてもらったほうが都合がよい。だが、数年後、この政治的安定が破れ、雲行きが怪しくなる。政治と経済の危機が深まったからである。

興味深いことに、最初の危機はロンドン発のものだった。一九一九年インド統治法に基づく制度は何とか試行運転されていたが、イギリス人の官僚にとってもインド人の代表にとっても、不満の多いものだった。もともと一〇年後の改正を予定した法律だったので、そろそろイギリス議会が法案審議に入ってもよい時期になっていた。そうだとすれば、自分たちが政権を取っているときのほうがよい――。保守党首相のスタンリー・ボールドウィンは、そのように考えたのである。保守党・自由党・労働党の委員会が加わり、自由党のJ・A・サイモンが委員長に任命され、インド統治法問題を検討するための委員会が議会に設置された。

ボールドウィンの懸念とは、一九二三年の総選挙後に自由党と連携して政権を担った労働党が、一九二九年の選挙でさらに大きく勝って単独政権を立てることだった。そして、労働党は英領インドのナショナリストや社会主義者に対して、より寛容な方針をとりかねないと心配したのである。だが、残念なことに、ボールドウィンの計算には、インド世論の動きが組み込まれていなかった。

イギリス人のみで構成する本国議会の委員会が、英領インドの統治のしくみを再考する――。この「白人の責務」を絵に描いたような時代遅れの政策に、予想外の反発が起こった。新しく任命されたインド総督のアーウィン卿は、一九二七年終わりに、刑務所から出て日も浅いガンディーを含め、主だった指導者をデリーに招き、サイモン委員会の設置を説明して協力を要請した。だが、一九二八年初めに委員会の面々がインドを訪問したときには、「サイモン帰れ」という声が全国に響き渡り、委員会の調査に応じないというボイコット運動が広がった。ボールドウィンの術策は、植民地の政治においては、まったくの藪蛇だったのである。

一つのインドのために

イギリス本国の工作を前に、ナショナリストの陣営も、インドの将来構想を示す必要があると考えた。こうして、もっとも尊敬を集める法律家であり、中央議会の議員を務めているモーティラール・ネルーを中心に、会議派が他の政党にも呼び掛けて憲法草案を検討し、まとめることになった。「ネルー憲法」と呼ばれるものである。その関心は、イギリスの「分割統治」を許さず、「一つのインド」をつくるためにどのような協力ができるかという点にあった。

第一の焦点は、少数派となるイスラームの人々の政治的な待遇である。当時の統治法では、イスラームにはイスラームの選挙区を用意するという分離選挙区という制度が導入されていた。しかし、これ自体が「分割統治」のしくみであるという批判から、「一つのインド」においては一般的な選挙区で統一し、その代わりに、中央や州の議会において、確実に一定数の代表をイスラームの人々に確保する制度を導入する、という提案が組み込まれることになった。第二の焦点は、五四二も存在するイギリスの保護国としての藩王国である。ネルー憲法では、英領

ネルー父子．モーティラール（左）とジャワーハルラール（右）

インドと統合し、連邦制を活用して「一つのインド」をつくるという提案をまとめた。

　ネルー憲法は、言ってみれば一八四八年のフランクフルト憲法のようなものであったが、残念ながら、すべての政党の支持を得られなかった。とくに、かつては会議派の雄であったが、すでにこれを離脱して全インド・ムスリム連盟を率いて活動する大政治家ジンナーをはじめ、主だったイスラームの指導者は譲歩せず、むしろ会議派とムスリム連盟との対立が鮮明になった。逆に、ヒンドゥー至上主義者、いわゆるヒンドゥー右翼も、イスラームに譲歩しすぎだとモーティラールらを非難した。また、会議派の中からも、帝国と対決してでも独立を目指そうとする若手の指導者たちからの突き上げがあった。モーティラールの息子で社会主義思想を抱くジャワーハルラールや、武力闘争も辞さずに民族解放運動を進めるべきだと考えるチャンドラ・ボースが代表的である。

　四面楚歌の状況に置かれたモーティラールは、ガンディーに支援を要請し、それを受けたガンディーは、一九二八年末にカルカッタで開催された会議派の年次大会に出席して、ネルー憲法の採択を強く訴えた。これが否決されれば、会議派の分裂だけでなく、宗教的な対立も深まり、統一の夢は砕け散る——。ナショナリズムの危機を訴えたガンディーの演説によって、ネルー憲法は満場一致で採択される結果となった。そして、これを機に、ガンディーは正式に政界復帰したのである。

ガンディーの魔法よ、もう一度

一九二八年には、カルカッタのジュート工場やボンベイの紡績工場でストライキが頻発し、労働者を組織するインド共産党の活動が活発化した。各地の農村では、地代や地租の減免を求める争議が起こっていた。グジャラートのバールドーリ地方では、ガンディー流のサッティヤーグラハをモデルに、ガンディーの右腕となったヴァッラブバーイー・パテールが、地租不払い運動を展開して注目を集めた。

一九二九年一〇月、ニューヨークの株式市場が暴落し、世界恐慌が勃発する。その衝撃は、宗主国にとどまらず、植民地にも及んだ。不況に苦しむ労働者や農民の不満が、工場主や大地主だけでなく、植民地政府や宗主国に向けられて爆発するのは時間の問題でもあった。ナショナリスト陣営では、民衆を糾合して全国的な反政府運動を展開するには、やはりガンディーに登場してもらわなければならない、「ガンディーの魔法よ、もう一度」という声が強まった。

こうして、ガンディーは再びスポットライトを浴びることになる。一九二九年末、ラホール（現在はパキスタンの都市）で開かれた会議派の年次大会で、分裂した会議派を一つにまとめたのは、彼の演説だった。一年以内に完全独立を勝ち取ろう、その目標のために非暴力の市民不服従運動を行おう、今回は「完全独立《プールナ・スワラージ》」が実現しない限り運動を停止しない、と呼び掛けたのである。割れんばかりの拍手とともに、この提案は満場一致で可決された。

2 聖なる戦いに出かけよう

一一か条の要求

年が明けて一九三〇年一月六日、会議派の運営委員会が開催され、市民不服従運動の実施に向けて四つの方針が合意された。一つめは植民地議会と選挙のボイコット、二つめは運動を行う組織の準備、三つめは運動方針の宣伝と集会、四つめは一月二六日を「独立の日」と定め、「経済・政治・文化・精神とすべての領域でインドを搾取し破壊してきたイギリス政府に対して、インドの民衆は『完全独立』のために戦い、それを勝ち取る権利がある」と宣言することであった。最後の方針は、ガンディーが提案したものである。

このような会議派の動きに対して、アーウィン総督は、本国からの指令を踏まえて、立法議会で次のような声明を発した。イギリスはインドの将来に関する円卓会議をロンドンで開催する、そこにはインドからの代表を招待する、と。ガンディーは、未だに自治領の地位すら与えないイギリス本国を批判し、我々は「完全独立」を目指して運動を行うと回答した。一月二六日には予定通り、「独立の日」を祝った後、一月三〇日、ガンディーは政府に対する「一一か条の要求」を宣言した。まさに、宣戦布告である。

この「一一か条の要求」は、ざっと読むと、次のようにばらばらと多くの要求が並べてあるだけのものである。

保守主義の代表的な政治家であった，アーウィン総督

①完全禁酒、②ルピーの引き上げ、③地租を半減し、地租の決定権限を議会に与える、④塩税の廃止、⑤軍事支出の半減、⑥税収カットと政府高官の給与の半減、⑦外国製繊維製品に対する保護関税の設定、⑧沿岸交通規制法の制定、⑨政治犯の釈放、政治的な訴追の撤回、その他の規制法規の撤廃、⑩刑事局(CID)の廃止、あるいはそれを民衆的な統制に委ねる、⑪自衛のための銃器使用許可証の発行を、民衆的な規制に委ねる。

このうち⑪は、外国軍に占領され、非武装化を強制された植民地社会が、本来は持っていたはずの武装の権利を取り戻すという意味合いを持っていた。非暴力主義のガンディーの提案としては、おもしろい点である。

振り返れば、南アフリカでもチャンパーランでも、ガンディーは同じような戦い方をしていた。それぞれの要求は、相手がこちらに譲歩するかどうかの指標であり、その中の一つについてでも相手が譲歩するならば、こちらの勝利となる。それとともに、抗議して処罰されたり、土地や財産を取られた人々が、再び自由になり、失ったものを回復できるのなら、大変な勝利である。このガンディー流の交渉術には、法廷で戦う弁護士の姿を垣間見ることができる。

しかし、「一一か条の要求」には、会議派の面々から失望のため息が洩らされた。とはいえ、中央と州の会議派議員の三分の二の人々が、政府への非協力を示すため、すでに辞職してしまっている。党としては、とても後には引き返せない。にもかかわらず、ガンディーは具体的な運動案を示さないし、運営委員会の意見は割れている。ボースは代替政府の樹立、パテールは農民の反地租運動、ラージャーゴーパラチャーリは禁酒運動、ジャワーハルラールは革命運動を考えていた。逆に、イスラームのアンサーリや女性政治家サロジニ・ナイドゥーは、なおも運動自体に躊躇を示していた。

仲間の心配をよそに、ガンディーはひたすら頭を悩ませていた。どんな民衆の行動が可能か。

誰もが参加できる、民族や宗教やカーストの差別のない戦いは何か。スワラージの正しさを示す行いとは何か。熱血的な若者を導き、人々の怒りを暴動やマイノリティ迫害に向かわせないために、どうするか。彼は黙考を続けた。

「塩だ！」

ガンディーは閃《ひらめ》き、すなわちビジョンの到来を待った。一九三〇年一月一八日、ラビンドラナート・タゴールが、ベンガルから遠路はるばるサバルマティにやってきて、何をしようとしているか尋ねたという。ガンディーは、「昼も夜も考え続けていますが、まだ光が見えません」と答えた。神を信じ、辛抱強く、ガンディーは「答え」を待った。

二月上旬の運営委員会で、ガンディーは三段階の運動を提案した。第一段階は、ガンディーと少数の弟子が非暴力的な抗議行動を行い、逮捕される。第二段階で、各州の会議派組織が運動を行い、大衆的な運動を展開する。州の指導者が逮捕されたら、第三段階に入り、新しい指導者が運動を引き継ぐ、という作戦である。

委員会はこれを承認し、ガンディーに運動の全権を委ねることを決定した。ただし、サッティヤーグラハの内容は、まだ白紙だった。皆は、ガンディーの指令をじりじりと待った。急がないと運動の機を逸してしまう。根競べの末、ついにその時が来た。二月半ば、閃きがガンデイーを貫いたのである。

「塩だ！」

一九世紀以来、政府はインドの人々が使う塩に課税を行ってきた。その根拠は塩法である。この国法に服従せず、自然の恵みの塩を人々が手にして行進し、独立を宣言する。これこそ「完全独立」ではないか。誰も考えたことのない「塩の行進」のアイデアだった。

宣戦布告

アイデアが固まると、ガンディーの動きは素早い。実際の作戦を立てるべく、いくつかの場所を選んで情報を収集し、実現可能性をさぐる、ある種のフィージビリティ・スタディを始めた。手伝ったのは、アーシュラムで日々の活動を共にする右腕のマハーデーヴ・デサーイやヴァッラブバーイらである。待ったなしの隠密作戦であった。膨大な数の人々の運命を左右するほどの権限を委ねられた「総司令官」として、失敗は許されない。

いったん情報が洩れれば、嫌がらせや反発も出てくるだろう。マハートマの偉業にあやかりたいという人や、純粋に自分もサッティヤーグラハに参加したいという人も続出するだろう。自分の目と耳で情報を吟味し、シミュレーションを行い、ベストの作戦を立てるためには、秘密裡に信頼できる人々と準備を進めなければならなかった。

ただし、隠密作戦に二週間も使ったことには、ガンディー独特のいたずら、今風の言葉を使えば「サプライズ」の要素もあるかもしれない。ガンディーとその周辺の動きに、ついに決定は為されたのかという噂は囁かれたが、まだ何の発表もない。人々がじりじり待って待ち疲れたときに、あっと驚かす。「マハートマの魔法」には、劇的な演出効果が必要だった。

そして、一九三〇年三月二日、アーシュラムの仲間であるイギリス人のレギナルドに、総督宛ての書簡をニューデリーの総督邸まで届けさせた。政府の郵便も電報も使わず、イギリス人の友人さえ味方する「正義のサッティヤーグラハ」。宣戦布告としての劇的な演出であった。ただし、その時点でもまだ内容は公表されなかった。書面には「一一か条の要求」と四本の運動方針が示され、「塩税の廃止」も入ってはいたが、「塩の行進」への言及はなかった。

準備、そして出発へ

こうして宣戦布告は完了し、その後は堂々と、ガンディーは腹心の部下たちと昼夜を徹して準備を進めた。三日後の三月五日、ガンディーはついに「塩の行進」の計画を発表した。しかも、会議派の会議や記者会見ではなく、アーシュラムの夕べの祈りで、住民たちに向かってサッティヤーグラハの計画を説明し、だれもが協力してほしいと呼び掛けたのである。

このニュースが伝えられると、会議派の主だった指導者たちは、腰を抜かすほど驚いたらしい。実は、この作戦を身近で手伝っていたはずのヴァッラブバーイ・パテールでさえ、やる気を失ってしまったという。ジャワーハルラール・ネルーは落胆し、議員を辞職した政治家たちは深い失望を隠さなかった。ヴァッラブバーイの兄で中央議会の議長を務めていたヴィッタールバーイ・パテールは、怒りを露に、「塩の行進」なんて笑いものだ、と新聞で公言した。当然、政府側は喜び、ガンディーの逮捕と運動の阻止を求めたボンベイ州知事サイクスらの強硬派の見解を抑え、アーウィン総督は「まあ、ガンディーにやらせて失敗するのを静観しようじゃないか」という方針で応じることに決めた。

一方、ガンディーは、作戦の実行に専念した。目的地・ルート・日程、行進の際に取り組む課題、サッティヤーグラヒーとして一緒に行く人々の選考など、具体的に考慮して決断することだらけだったからである。

目的地と経路は、弟子のモーハンラール・パンディヤとラヴィシャンカール・ヴィヤースらが調査した。その上で、アーメダバードから三〇〇キロメートルあまり離れた港町ダーンディーを目的地として選定し、ケーダ県、バールッチ県、スーラット県などを通ることとした。グジャラート地方の中でも、ガンディーやヴァッラブバーイ・パテールらが一〇年以上もかけて農民と活動してきた地域である。

行く先々で取り組む課題とは、真の「完全独立」のための社会改革であった。具体的には、以下のような方針にもとづくものである。イギリスの統治への非協力と不服従として政府関係の仕事を持つ人々はその職を辞すこと、自らの着るものは自分で紡ぐというカーディー運動を実践すること、不可触民制という厳しいカースト差別を撤廃すること、ヒンドゥーとイスラームの友好的な共存を実現すること、などである。しかもガンディーは、こうした方針を抽象的に説くのではなく、それぞれの村の現状をデータとして把握し、対策を練った。とくに、サッティヤーグラヒーたちの前を行く先遣隊に、村の人口と宗派別の構成、「不可触民」の実態、農業の状態などの調査を求めた。

そうした要請にも応えつつ、ガンディーが一九二〇年に設立したグジャラートの学校で教鞭を執る教授と学生一八名は、先遣隊として予定のルートを歩み、本隊が来る前に、ガンディーの一行が到着して休む場所、食事とその場所、農民との集会を行う場所などを準備して進んだ。サッティヤーグラヒーは、それぞれが布袋などを持参し、少量の食べ物、着替え、簡単な寝具などを運んだ。しかし、暑い夏の行軍のように、村々で水を飲み水浴びするための井戸や、簡単に土を掘ったトイレをつくってもよいとされた場所の確保などは、あらかじめ準備が必須で、そのためには村人、ことに村の有力者との交渉が必要だった。ガンディーの一行には大学出のブラーフマンもいたが、外国人や「不可触民」とされるカーストの出身者やイスラーム教徒、キリスト教徒も加わっていた。村人が差別的な伝統を破ってくれないことには、水を使ったり、用を足したりすることもできなかったからである。

ダーンディーの浜で

こうして数日のうちに、行進の準備はどんどん進められていった。三月九日、ヴァッラブバーイの逮捕から二日目に、ガンディーは夕べの祈りで今後の方針として、三日以内に「塩の行進」に出発すると宣言した。ガンディーが七〇名以上のサッティヤーグラヒーとともにアーシュラムを出発して行進し、ジャリアンワラ・バーグ虐殺の追悼記念日の行動に間に合うように、四月六日から一三日の週にはスーラットの海辺に到着するという計画である。「塩の行進」のニュースに反応して、すでに全国から続々と人々が集まっており、三月一〇日の夕べの祈りには二千人もの人々が参加した。これらの人々の多くは、自分もマハートマと歩きたいと志願してきたのである。

行進の出発に備えるサッティヤーグラヒーたち．サバルマティのアーシュラムで

しかし、ガンディーは、簡素で厳格なアーシュラムの生活を行ってきた仲間を中心に、サッ

ティヤーグラヒーを選出することを考えていた。出発メンバーは、その後全国的に展開される運動のモデルとなるべきグループでなければならない。多様な出自や背景を持つ人々がスワラージという目標を胸に連帯し、「インドは一つ」というあり方を体現しなければならない。早急にアーシュラム住民の詳細が調査され、各々の出身地、カースト、宗教、学歴などの一覧表を作り、ガンディーが自ら参加者を選抜した。驚くべきことに、参加者名簿は事前に公表された。ガンディーによれば、警察が捕まえようとすれば、すぐに捕まえられるように、という決意からの発表であった。逆から見れば、犠牲を覚悟した国民英雄の一覧だった。

三月一一日には二万人以上の人々が集まり、アーシュラムの庭には入りきれないので、隣の川岸に場所を借りて夕べの祈りが開かれた。「後戻りはできない。私たちのスワラージが実現するまで戦いは続けられる。これは最後の戦いだ」と、ガンディーは「兵士たち」に呼び掛けた。そして、「これは、私がサバルマティの聖なる川岸で行う最後の話となるだろう」と別れを告げた。その間にも人はどんどん増え続け、神の歌をうたったり、「ガンディー万歳」と叫んだりしながら、アーシュラムを取り囲んでいた。警戒のため警官が配置されていたが、ガンディーが逮捕されないようにと人々は監視を続け、中には逮捕された若者もいた。

行進という大事業に出発する前夜としては騒々しい夜で、アーシュラムの人々は一睡もできないほどだったが、ネルーに手紙を認めた後、妻カストゥルバとイギリス人の養女ミラベーンに足をマッサージしてもらってガンディーは床につき、明け方四時までぐっすり眠ったという。そして朝を迎え、クリシュナに捧げる歌をうたうパンディット・カーレの声で目覚めた人々が集まってくると、ガンディーはアーシュラム最後の祈りの会を開き、出立の言葉を述べた。

これは見世物ではなくて、最後の戦い、生死を賭ける戦いです。争いが起これば、味方の人々の手に掛かってさえ、死ぬかもしれません。私たちは、ヒンドゥーとイスラームの連帯を守り、貧しき者、どん底に通う者、弱き者を代表します。……すべてを犠牲《サクリファイス》にし、戦いに身を捧げましょう。

六時二〇分集合、六時三〇分出発という指示を出し、彼はいったん眠りについた。そして、六時一〇分、ガンディーが登場し、七八名のメンバーが揃い、ガンディーを先頭に、二人一組になって定められた隊列を組んで出発した。みな白いカーディーを身にまとい、ほとんどの人が白いガンディー帽をかぶっている。ガンディー自身は、短いドーティーを腰に巻き、白い布を身体に巻いて、時計をぶら下げ、二つの鞄を紐で左右にかけて、草履をはき、出がけに贈られた竹の杖を持って出発した。

数百、数千の人々がガンディー一行に付いて歩いた。アーシュラムから一一キロメートル離れたチャーンドラの湖には八時五〇分に到着し、休憩に入ると、ガンディーは自分たちの後ろに付いてきた、サッティヤーグラヒー以外の人々に帰宅するよう指示した。もうもうとした砂埃の中を歩いて、誰も顔がわからないほど土埃を身にまとっていたが、五分間の休憩の後、使命を負った一行は再び出発し、最初の村へと向かった。この一種の巡礼隊は、カーレの指揮の下で、ラーマ王子の歌やガンディーが大好きな「ヴィシュヌ神の信じる者」(*Vaishanava Janato*)をうたいながら歩いた。

この時期、グジャラート地方は、摂氏五〇度前後の気温となる。この暑さの中を、サッティヤーグラヒーは黙々と進み、出発から三週間後の四月六日、ガンディーらは朝日に輝くダーンディーの浜に到達した。そして、彼が海水に浸かって身を清めた後、右手で塩を掬い上げ、青空に高くかざした。すぐさま周囲から「マハートマ万歳、スワラージ万歳」の歓呼の声が上がった。国中どころか世界中のメディアが一斉にガンディーの偉業を伝え、魔法ならぬ、マハートマの「奇跡」が成就したのである。

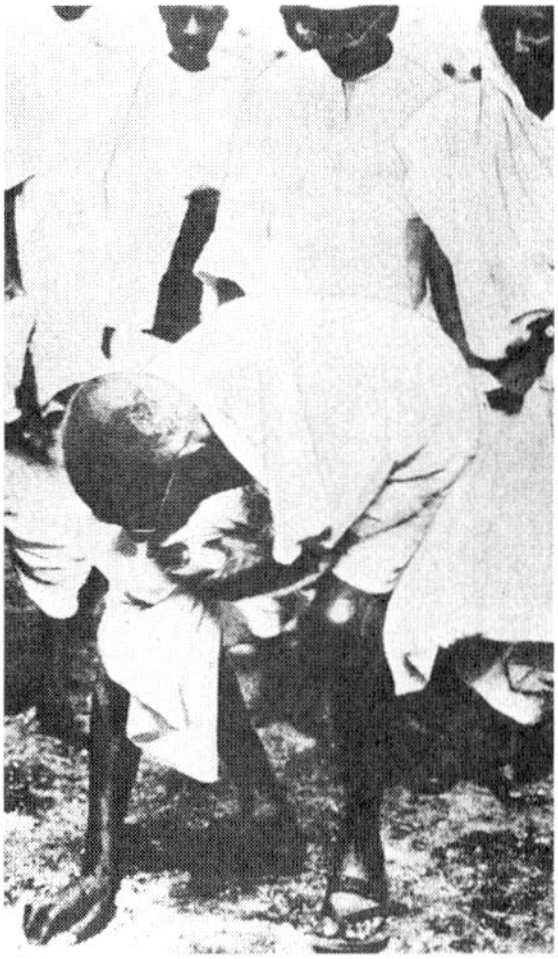

ダーンディーに到着し，海浜の塩に手を伸ばすガンディー

3　休戦協定と円卓会議

逮捕作戦

帝国に挑戦する運動の火ぶたが切られた。ダーンディーへの「塩の行進」の後、塩法への不服従として、塩を集め、自分たちの作った塩を売り買いする運動が急速に全国に広がり、その結果、何万人もの人々が逮捕されることになった。にもかかわらず、ダーンディーに到着した後のガンディーとその一団は、なおも逮捕を免れていた。ガンディーが、逮捕後にすぐに体調を崩して亡くなるようなことがあれば、反英運動の殉教者を生み出し、かえって民衆運動の収拾がつかなくなってしまう恐れがある――。総督とその側近はそのように考え、逮捕を遅らせていたのである。

自分が逮捕されない状況は、ガンディーにとっては予想外のものだった。だが、大勢の人間を何の目的もなく集めておくわけにもいかなかった。そこで、ガンディーは一計をめぐらした。ダーンディーの周辺を歩き回り、新たな作戦として、近隣のダーラサーナ製塩所への非暴力的な「襲撃」を計画し、五月四日には総督宛てにそれを伝える手紙を送った。そして、この逮捕作戦が見事に的中した。その夜、武装した警察の部隊がガンディー一行の滞在している村を急襲し、就寝中のガンディーを逮捕したのである。ガンディーは、なじみのあるイェルヴァダ刑務所に投獄された。

ガンディーの構想に沿えば、ガンディーが逮捕されて後ろに退いたら、彼の代理が指導者として前に立ち、各地の会議派が市民不服従を推進していく計画であった。その段階が始まったのである。ジャワーハルラールも逮捕されてしまったが、引き続き製塩所の襲撃作戦は準備され、男女の混成部隊で実施されることになった。先遣隊は、ガンディーの妻のカストゥルバと高齢の裁判官が率いたが、彼らが逮捕されると、女性のサロジニ・ナイドゥーとイスラーム教徒のマウラナ・A・K・アーザードが先導して非暴力の行進を行った。警察は製塩所の入り口を閉鎖し、指導者たちを逮捕し、隊列を組んで前進する人々を何とか押し止めようとした。白いカーディーをまとった人々が黙々と進み、警棒で殴られて次々と血を流して倒れていく情景が、海外の新聞記者によって即座に報道され、世界中に伝えられた。

幸いにも、刑務所では先に逮捕されたヴァッラブバーイらと一緒になった。ガンディーは刑務所での暮らしは嫌いではなかった。むしろ好きだと言ってもよいほどである。後に続くサッティヤーグラヒーの模範になり、規則正しい暮らしをし、勉強や執筆に静かな時間を過ごす。「飢えている農民のことを思うと、贅沢はできない」と、刑務所側の申し出た特別待遇を固辞した。また、ガンディーは、刑務所内でも一人でサッティヤーグラハを行って抗議した。たとえば、面接は肉親のみに限られるという規則を拒み、家族同然のアーシュラム仲間との面接を求めて、厳しい断食まで行ったのである。やっかいな受刑囚であった。

円卓会議の開催

そうこうするうちに、一九三〇年七月頃になると運動停止を求める声が現れてきた。とくに、経済状況のこれ以上の悪化は回避したいと考える資本家や政治家が動き出したのである。仲介したのは、一九一九年に市民不服従運動の方針に反対して会議派を辞し、自由党を結成した年長の穏健派、M・R・ジャヤーカルやT・B・サプルーらであった。その結果、アーウィン総督は、刑務所にモーティラール・ネルーとガンディーを訪ね、政府側と協議する意思があるかどうかを打診してほしいと、この二人のリベラルに依頼した。しかし、ちょうど運動が勢いを増していたときである。ガンディーは、ネルー親子、とくに息子のジャワーハルラールの判断によって決めると答えたが、交渉は実現しなかった。

獄中のガンディーは熟慮していた。国民が一体となって運動を展開し、イギリス統治の不正を世に示し、帝国からの自由を獲得するという計画だが、指導者が逮捕され続ければ、運動はいずれ分散していく。役所や警察署、あるいは工場主や地主や金貸しを狙った暴力事件、ヒンドゥーとイスラームの間の暴力、カースト差別をめぐる衝突も制御できなくなる。刑務所の外の情勢を把握し、他の指導者たちの意向を推し測ることは困難だったが、ガンディーは、政府や特権階級から譲歩を引き出し、民衆の運動を止める、いわば笛を吹く瞬間を見計らっていたのではないだろうか。

政府側も作戦を立てた。そもそも本国のイギリスが、前年秋の世界恐慌で引き起こされた大危機に見舞われ、植民地の独立や自治を論じるどころではなかった。一九二九年春の総選挙では労働党が勝利し、第二次マクドナルド内閣を成立させたが、まもなく世界恐慌が発生し、甚大な経済危機に対処すべく挙国一致内閣が樹立された。不景気と失業者の増大に対して、緊縮財政を実施しようとするマクドナルド首相を保守党と自由党が支持し、逆に労働党は分裂し、首相支持の少数派は国民労働党を結成していた。

危機にあるイギリスを救うには、英領インドの騒擾を収めて、帝国に協力的な体制を立て直すことが必要である。その対策として、インド亜大陸の政治的な代表を集めた円卓会議が、急きょロンドンで開催される運びとなった。会議には、五〇〇以上ある藩王国を代表する工たち、イスラーム教徒の代表、シーク教徒やキリスト教徒の代表、イギリス人の血が入ったインド人、その他さまざまな社会集団の代表が招かれた。「分割統治」の縮図にほかならないが、植民地人を帝国の首都に招き、国王や首相が歓待して統治への協力を促すという方法は、ある意味で斬新であり、政府と対決している会議派の指導者を完全に蚊帳の外に置く有効な方法だった。

市民不服従運動を停止しないかぎり、会議派抜きでインドの問題を検討するぞ、というわけである。

しかし、ガンディーは動かなかった。というより、勝手に休戦することはできなかった。会議派の運営委員会が集まり、総督との協議を受け入れるかどうかを決断しなければならないという立場を、彼は譲らなかった。そして、会議派不在で開かれた、第一回の円卓会議後の一九三一年一月、総督は、ガンディーやネルーらを含め、会議派運営委員会メンバーの釈放を決定した。期待通り、運営委員会は運動の一時停止を決め、ガンディーが総督と話し合うことに合意した。とはいえ、会議派側の要求は一年以内の「完全独立」であり、ガンディーは前年からの「一一か条の要求」が話し合いの基盤だと考えていた。内容的には、どうみても双方の歩み寄りは難しかったが、それでも交渉を行うことになったのである。

非難の嵐

市民不服従運動の停止という決定は、重大な影響を及ぼした。ほとんどの会議派の指導者には青天の霹靂であり、民衆からの信頼を失いかねないものだった。ジャワーハルラールは、「今、革命が起ころうとしています。どうして止めるんですか」と叫んだという。彼が活動したガンジス川流域の統合州では、農民運動の勢いが増していた。貧しい農民たちが組合を結成し、ザミンダールに対する地代の不払いやその他の権利要求を行い、菜食主義や禁酒・禁煙を広めるなど、イギリス支配下の農村の古いあり方に挑戦する運動を展開していた。

社会主義を主張するネルーとは立場を異にしていたヴァッラブバーイ・パテールも、一九二八年から進めてきたグジャラート地方の農民運動を急に止めることには抵抗した。統合州とは異なって、比較的豊かな土地持ち農民（パティダール）が、政府に対する地代の引き下げを求め、税の不払い運動を展開していたが、刑務所に入れられても農地や財産を税のかたに差し押さえられても、頑強に節を曲げなかった人々である。それにもかかわらず、いきなり戦いを止めろとは一体どういうことなのか。これまで戦ってきた役人や警官に、何をされるかわからない。不満が渦巻くことは理の当然だった。

ガンディーとアーウィン総督との折衝を踏まえた一九三一年三月の合意は、「ガンディー＝アーウィン協定」と呼ばれている。内容は以下のようなものである。治安法令の実施と逮捕者に対する刑事訴追の停止、暴行以外の政治犯の釈放、酒と外国製綿布の平和的ボイコット運動の許可、運動の咎で没収された土地や財産の返還、天然の塩の収穫や製造の許可、会議派活動の合法化。死を賭して行動してきた人々からすれば、いかにも中途半端なものであり、実際に政府側がどこまで、そしていつまで、この約束を守るかは保証の限りではない、と思われる内容であった。

とはいえ、マハートマの決断である。だからこそ、運営委員会も会議派組織も従わざるをえなかった。しかし、第一次市民不服従運動を止めることになった一九二二年のチャウリ・チャウラ暴動後と同様に、多くの人々がガンディーに懐疑の目を向けることになった。敵対的な人々からは、人民を犠牲にしてまでロンドンに行きたいのか、という罵声も浴びせられた。ロンドンの円卓会議には、会議派支持層の多様性を反映させて、ジャワーハルラールやパテールをはじめ、イスラームを代表するアンサーリらとともに参加すべきだ、という意見も強かった。けれどもガンディーは、会議派と国民を代表して、ロンドンの会議には自分一人が出席すると主張して譲らなかった。反対派からは、彼は独裁的だと、厳しく批判された。

ガンディーにとって、武力をもって国家権力を打倒するという、暴力革命の路線は受け入れがたいものであった。権力者の不正があれば勇気をもってこれを指摘し、相手が改めないのであれば合法的にそれを提起し、それでも駄目ならば非暴力的な実力行動に出る。こうした戦いは、あくまで平和的でなければならず、たとえ弾圧によって人々が犠牲を被るとしても、その手段もプロセスも、さらにはその結果も、すべて平和的でなければならなかった。これこそ、ガンディーのサッティヤーグラハに他ならなかった。

しかし、その一方でガンディーは、支配階級は決して権力を手放さず、それを維持するためならば弾圧を辞さないことも、経験を通して十分に熟知していた。猪突猛進に向かえば、やがて対立する民衆同士が殺し合い、政府は多くの民衆の命と財産を奪い取ることになる。チャウリ・チャウラの暴動や、一九二〇年代の宗教暴動の経験と反省から、指導者を欠いた形での民衆運動は危険な暴力の震源になりうることを、ガンディーは同時に見抜いていた。こうした判断から、たとえ不本意な合意ではあっても、イギリス政府と直接話し合うことを条件に、ガンディーは運動を停止する決断を下したのである。自分一人でロンドンに向かうと頑なまでに主張したのは、その決断の全責任を一身に引き受けるためであったのだろう。

こうして、会議派の中でさえ、運営委員会メンバーの間、運営委員会と各地の会議派の間、そして指導者と草の根の民衆の信頼関係に深刻な打撃を与えながら、市民不服従運動を一旦停止した後、一九三一年九月にガンディーはイギリスに向かった。会議派の大立者の指導者たちとともにではなく、ガンディーが養女としたイギリス人女性ミラベーンや秘書役のピャレラール・ナヤールら、彼の身内を連れて。

孤立するマハートマ

イギリスでのガンディーは孤立していた。円卓会議でもメディアのインタビューでも、彼はそれまでの主張を繰り返した。会議派のみがインドの国民を代表し、自分がその会議派を代表する、そしてサッティヤーグラハによって「完全独立」を勝ち取る、と。イギリス側はこうし

円卓会議．ガンディーの向かって左隣は英首相マクドナルド．ロンドン，1931年

たガンディーの言動を予測していたが、会議で同席したインド側の代表たちは、ガンディーの物言いに傷つけられ、憤ったという。

藩王国を代表したマハーラージャたち、イスラーム代表としての全インド・ムスリム連盟のジンナーら、パンジャーブのシーク教徒の代表、クリスチャンの代表、「不可触民」として差別された人々を代表するアンベードカル、そのほか様々な代表にとっては、「自分だけがインドを代表する」と言うガンディーの主張は失礼であり、自分たちの存在を否定するものだと不評だった。当然と言えば当然のことだが、その結果、ガンディーは会議の場で終始孤立することになった。

つまり、「マハートマの魔法」は、円卓会議ではまったく効果がなかった。誰もマハートマに説得されなかったのである。その結果、「完全独立」の時期を含めて、故郷に持ち帰る何らかの約束がほしいと主張するガンディーに対して、イギリス側は何も言質を与えず、彼を相手にしないまま会議は閉会した。インドの将来構想についての円卓会議で、会議派のたった一人の代表であったガンディーは、四面楚歌の中でその役割を終えたのだった。

円卓会議の閉会後、ガンディーはスイスとイタリアを訪れたものの、早々に帰国の途についた。ガンディー＝アーウィン協定の後、インドでは一〇か月も市民不服従運動が停止されていたが、事態は緊迫の度合を増していた。運動を弾圧するとしても、その指導者との対話というパイプを保っておこうとする、典型的なイギリスの保守主義政治家としてのアーウィン卿とは異なって、新総督として赴任したウィリントン卿は、若いころ英領インドで州知事を務めていた経験から、反政府運動は断固として取り締まるべきだという思想を堅持していた。

円卓会議が終了すると、ただちに政府の弾圧が再開された。ジャワーハルラールはもちろん、多くのサッティヤーグラヒーが逮捕されて、一九三二年のうちに、七万五千人以上の逮捕者を出したという。会議派は非合法化され、各地の拠点が警察の捜索を受け、会議派の資金は見つかり次第没収された。イギリスから帰国したガンディー一行は、このような弾圧の嵐に迎えられ、ガンディーは再び逮捕されて、おなじみのイェルヴァダ刑務所に収監された。今回は、一九世紀の刑法を根拠にして、裁判なしの実刑を宣告された。

4　たった一人のサッティヤーグラハ

カースト差別の問題

マハートマの伝記を綴るなら、「塩の行進」こそがもっとも輝かしい活躍の場面とされるだろう。それに続くロンドン訪問も、円卓会議への出席が成果を出さなかったとしても、ナショナリズムの旗手であるガンディーがカーディーの白い衣のまま大英帝国の国王やイギリス首相によって賓客として遇されるという出来事は、忘れがたい場面として記憶されてきたことは否定できない。しかし、その後の数年間は、アンチ・クライマックスの時期に見える。ガンディーが逮捕され、スワラージは実現できず、運動自体が拡散し、インパクトを喪失した。むしろ特記すべきなのは、ガンディーが市民不服従運動をすぐには停止しなかったことだろう。

とはいえ、獄中のガンディーには、重要な問題がいくつも降りかかってきた。そのうちの一つが、カースト差別の問題である。南アジアには、浄と不浄という観点からさまざまな血縁集団の身分が決められ、職業、結婚、教育、人生から日々の暮らし方まで統制され規制される伝統的なしくみが存在してきた。一般にカースト社会と呼ばれるものである。

啓蒙主義者のルソーは「人間は生まれながらに平等か」という問いに対して『人間不平等起

源論』を著したことはよく知られているが、ルソーがこの文章を書いたときにはヨーロッパ近代の最先端をいくフランスでも、「人間は不平等である」という規範を前提に社会が動かされていた。つまり、王様や貴族のような高貴な人々と、貧しい農民とは、「同じ人間」ではないということである。同じように、インド亜大陸においては、ジャーティーと呼ばれる血縁集団に身分としての「色」(ヴァルナ)が付けられて、不平等を正義とする社会が維持されていた。こうした独特のしくみに注目し、一五世紀末から到来したポルトガル人が、「血族」(clan)という意味のポルトガル語である「カスタ」(casta)を当て、それが英語に持ち込まれて、「カースト」(caste)という語になったとされている。

皮肉にも西欧の帝国主義の時代と重なるように、産業革命後の一九世紀ヨーロッパでは、市場の自由や市民の政治という思想が普及し、「人間はみな平等」「市民はみな自由」という考え方が新しい正義となった。すでに述べてきたように、会議派のナショナリストの多くがイギリスの歴史と法を学んだ法律家であったし、自由主義的な市民社会の思想は植民地の人々にも学ばれるようになっていた。けれども、インドの近代的なエリートの前に、古色蒼然たる社会が存在していた。民衆的なナショナリズムの時代になると、この矛盾は抽象論ではなく、現実的な政治戦略の問題となった。「誰を国民として組織するのか」という問題だからである。

カースト社会の中でも、もっとも悲惨な差別を受けてきた人々がいた。こうした人々を、イ

ビームラーオ・アンベードカル

ギリス人は「不可触民」と呼んだ。あるいは、「身分を持たない人々」という意味で「アウトカースト」という言葉も使われた。イギリスによる帝国主義的な「分割統治」政策は、マイノリティとしてのイスラームを、マジョリティとしてのヒンドゥーから「保護」するという形で、両者の宗教的な亀裂を深めることに一役買った。しかもそれだけでなく、インドのカースト社会を利用して、イギリスこそが、ひどい差別を受けてきた「不可触民」の人々を「保護」するという政策を打ち出したのである。

実際、植民地支配はさまざまな変動をもたらし、カーストに基づく古い社会にも新しい動きをもたらしていた。たとえば、ガンディーと同時代に、「不可触民」あるいは「アウトカースト」の指導者として、ビームラーオ・アンベードカルという優れた人物が登場したことは、その表れである。アンベードカルの祖父は東インド会社の兵士で、父もまた英領インドの兵士として出世した。アンベードカルは、奨学金を与えられてボンベイの大学で学び、その後コロンビア大学とロンドン・スクール・オブ・エコノミクスで法律を学んで弁護士の資格を獲得した。まったく異例の出世である。

アンベードカルは、ブラーフマンなどの高い身分で教育を受けた人々が先導する会議派のあり方、そして「不可触民」の人々を仲間はずれにするナショナリズム運動のあり方を批判し、会議派に対抗する運動を組織することになった。「差別される者」を意味する、古代からの「ダリット」という呼び名をそのまま自分たちの名前とし、ヒンドゥー教徒でいる限り不平等は免れないと考えて、平等を唱える仏教への改宗を呼び掛けることになった。これは「新仏教運動」と呼ばれている。

ダリットの処遇

さて、会議派は出席しなかった一九三二年の第三回円卓会議の後、イギリス政府は一九三五年改正の新インド統治法の構想を発表した。「コミュナル裁定」と呼ばれる内容で、カーストや宗教の違いに応じて別々の選挙区を与えるというものだった。焦点の一つはイスラーム教徒の処遇であったが、もう一つがダリットの処遇であった。「インドは一つ」というナショナリストの主張を崩すためにも、そして会議派以外の利益代表を親英陣営の礎石とするためにも、イスラーム教徒に付与した「分離選挙区」と類似のものを、新体制では「不可触民」に与えるという提案であった。ヒンドゥー教徒の多い一般の選挙区とは異なって、イスラーム教徒と同じように、「不可触民」には別の選挙区を設定し、一定数の議席を確保するというものである。

イスラーム教徒に対しては、モーリー・ミントー改革と呼ばれた一九〇九年インド参事会法

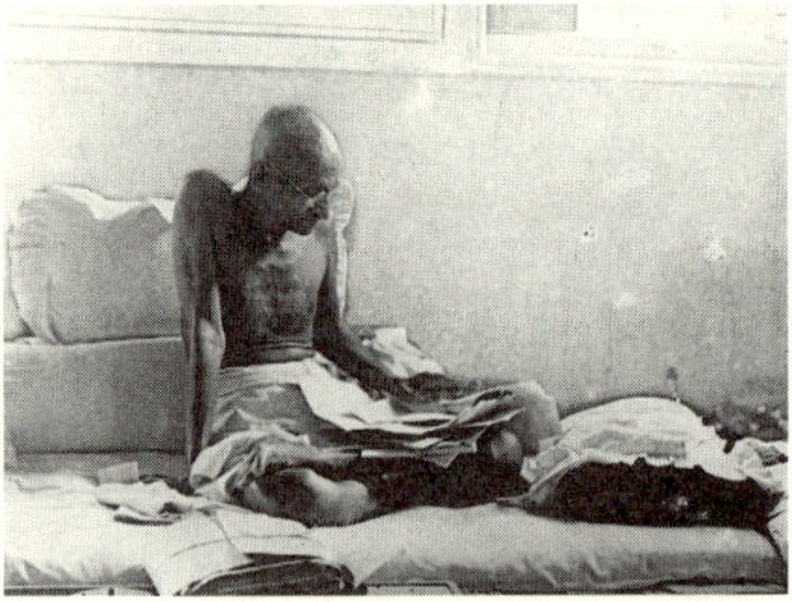

ダリットの処遇をめぐり，獄中で抗議の断食を行うガンディー．1932 年

のときより、分離選挙区という制度が導入され、一九一九年統治法では実際に議会選挙で使われていた。会議派としても、第一次世界大戦中のインド自治連盟時代の「ラクナウ協定」の際に、全インド・ムスリム連盟と協力する上で、イスラーム教徒の分離選挙区の制度化を承認したという前史があった。また、分離選挙区の制度を組み込まなかった会議派主導の「ネルー憲法」は、イスラーム側には大変不評であった。したがって、イスラーム住民の分離選挙区については、イギリス政府を批判することが難しかった。

だが、ダリットは事情が違う。それまでは政治的に注目されていなかったダリットの人々に、新しく分離選挙区を認めるという内容だったからである。もちろん、アンベードカルは、このイギリスからの提案を支持した。

けれども、会議派の側は異なり、なかでもガンディーは、他の会議派指導者に比べても、激しくこの提案を否定した。これはインドの社会を永久に分断するものだ、という理由からである。獄中のガンディーは、イギリスの提案に抗議して断食を宣言した。突然の断食宣言に、国中が動揺することになった。「ガンディーを殺すな」という声が上がり、ダリットの人々、そしてアンベードカルに大変な圧力がかけられた。ガンディーが命を落とせば、国中のダリットに復讐の刃が向けられかねない。ガンディーの戦術は不公平だと非難しながらも、アンベードカルは譲歩し、分離選挙区によらずに一定数のダリット議席を確保する方式を受け入れた。両者の合意は「プーナ協定」と呼ばれている。

二大政治家の対決と妥協は、イギリス政府も無視できず、マクドナルド首相は前の提案を修正して新しい統治法案を発表した。

ヒンドゥーとイスラームの対立

ガンディーはすでに、「不可触民」への差別撤廃を掲げる運動を始めていた。「塩の行進」のときにも、四方針の一つが「不可触民制」の撤廃であった。しかし、「プーナ協定」に至った経験を機に、さらに熱心にこの運動に取り組むことになった。ガンディーはダリットについて「神の子」（ハリジャン）という名前をつけ、自分もまたハリジャンであると語った。実際、イギリス留学の直前、掟を破って黒い海を渡ったガンディーは、アウトカーストを宣告されていた。それまで発行していた『ヤング・インディア』という新聞の名前を『ハリジャン』という新聞に変えたほどである。ただし、身分差別を正義とするカースト社会の根幹を揺るがすガンディーの運動は、必然的に「ヒンドゥーとは何か」という問いを呼び起こし、新たな火種を生むことになった。

そうした意味で、カースト問題と並ぶ宗教問題について、この時期の展開を紹介しておきたい。第一次世界大戦中におけるジンナー、ティラク、ゴーカレーらのラクナウ協定、そして第一次市民不服従運動までの過程におけるイギリスの戦争政策と戦後政策に強い非難を向けるイスラームの人々やムスリム連盟、ヒラーファト運動の指導者としてのアリー兄弟らとガンディーの協力は、すでにこの時期には過去のものとなっていた。一九二〇年代半ば以降のヒンドゥーとイスラームの対立は、修復が難しいところまで展開していたとも言える。

ここで、少し時間をさかのぼって経緯を振り返っておこう。たとえば、一九二四年、ガンディーがイェルヴァダ刑務所に収監されていたとき、インド中央に位置するナーグプルで多数派のヒンドゥー教徒にイスラームの人々が襲われる事件が起こり、まもなく北西辺境州のコファートでは多数派のイスラーム教徒にヒンドゥーの人々が殺害される事件が起こった。まさに「暴力の連鎖」である。

釈放後、ガンディーは事件の調査を指示しつつ、自らはデリーのイスラーム教徒の友人宅に滞在し、いきなり二一日間の断食を行うと宣言した。妻のカストゥルバもパテールもネルーも知らされていなかった。虫垂炎の手術を受けたばかりのガンディーが断食をするという知らせは、全国を駆け巡り、心配した多くの人々がガンディーのもとを訪ねた。もしガンディーがイスラーム教徒の家で死ぬようなことがあれば、すべてのイスラーム教徒がヒンドゥー教徒に仇討ちされかねない。会議派には、なんとしてでも、ヒンドゥーの過激化を抑える必要があった。結局、イスラームとヒンドゥーの両派を代表する人々が集まり、衰弱してベッドに横たわるガンディーの前で、互いに対立を抑えると誓い、幸いにも事態は収拾に向かった。

だが、こうした個々の「マハートマの魔法」だけでは、ヒンドゥーとイスラームの間に走った亀裂は埋められそうもなかった。かつてはヒラーファト運動の英雄で、ガンディーと長く共闘したアリー兄弟は、すでにイスラームの側から裏切り者と非難を浴びていた。イスラームのもっとも尊敬される指導者のジンナーは、古巣の会議派と手を切り、まことしやかにイスラームの声を代弁すると主張するガンディーの立場そのものを否定した。ジンナーは、ガンディーと対抗する過程で、宗教を超えた国民の連帯という思想を捨てたと言える。

ヒンドゥーの側ではさらに大きな変化が起こっていた。一九二三年、議会選挙が行われた年、パンジャーブの政治家ラーラ・ラージパット・ラーイや、ベンガルの政治家C・R・ダース、統合州のM・マーラヴィーヤら、議会に参加する会議派の主だった指導者が、ヒンドゥー・マハーサバーを結成し、ガンディーとは一線を画す路線を打ち出した。それとは別に、一九二五年にはヒンドゥー至上主義を信奉するサーヴァルカルやヘゲドワルを師とする民族義勇団（R

SS）が結成された。のちにガンディー暗殺を引き起こす団体である。結局、ガンディーは、厳しく対立するイスラームとヒンドゥーの双方から非難を浴びる存在となりつつあった。

ガンディーへの反発

イスラームとヒンドゥーの間の亀裂は、「サイモン帰れ」運動、「完全独立」決議、「塩の行進」と第二次市民不服従運動と、時間が経過するにつれ、より深まっていった。第一次世界大戦後のサッティヤーグラハとは対照的に、「塩の行進」以後のサッティヤーグラハに参加した人々の圧倒的多数がヒンドゥー教徒であり、イスラームの人々の参加は激減していた。ガンディーと親交の厚いガッファール・カーンが会議派を率いる北西辺境州は例外として、イスラーム人口の多いパンジャーブ州やベンガル州では、市民不服従運動は不人気だった。

相変わらず、ガンディーはヒンドゥーとイスラームの宥和を説き、イスラームの指導者に協力を求めていたが、ロンドン円卓会議の直前に、ガンディーがムスリム連盟のジンナーや他のイスラームの代表に対話を持ちかけたときは、相手にされなかった。さらに、会議派の中の「ナショナリスト・ムスリム」を代表し、会議派議長でもあったアンサーリを、ガンディーがロンドンに同行しなかったことで、会議派支持のイスラーム教徒をも敵に回すことになった。

そのうえ、ガンディーは、よりにもよって、このタイミングで「不可触民」の問題をクローズアップしたように見えた。「不可触民」の人々は村や町の中でも一番はずれの貧しい土地に肩を寄せ合って暮らすのが常であり、村人が共同で使う井戸の使用は禁止され、同じヒンドゥーと言いながら、ヒンドゥーの寺に参拝することも禁止されていた。家や田畑や道などの清掃を行い、動物の死体を処理し、皮を加工するなどの仕事を担いながら、それゆえに不浄とされ、貧しい暮らしを強いられていた。ガンディーはこうした差別をヒンドゥー社会の罪だと論じ、徹底的に差別の排除を訴えたのである。

想像してみてほしい。「塩の行進」のとき、ガンディーらの一行がどやどやと村に入ってきて、ブラーフマンやその他の高いカースト身分の人々の歓待を無視して、「不可触民」の人々の部落に行き、そこで水を使い休憩するとする。そして、ただちに集会を開いたガンディーが、カースト差別を批判し、未だに井戸の使用や寺の参拝を許さない村人たちに改善を求めたとする。ガンディー主義の運動に多くの人が加わっている村は別だが、それほど会議派の影響の強くない村では、カースト身分の高い地主や金貸しの商店主は、このような行動をされるだけで顔を潰されるだけでなく、身分の低い農民たちへの示しがつかなくなる。彼らが激しく憤ることは想像に難くない。

ガンディーの説いた平等は、平等を教義とするイスラームにも別の次元から問題をもたらしたが、高いカーストのヒンドゥーの人々にとっては簡単には認められないものだった。ガンディーはイスラームとの平和を説き、カースト差別を否定し、ヒンドゥー教徒がイスラーム教徒に襲撃される事件が起こっても報復するな、と非暴力を説いた。それにもかかわらず、市民不服従運動を突然停止したり、自分たちが獄につながれている間にも、ロンドンで国王とのんびりお茶を飲んだりしているではないか。怒りを露にするヒンドゥー青年が出てきても不思議ではない。「ヒンドゥー国家インドの復興」を目指そう、イスラームに復讐しようと説くサーヴァルカル――イギリス人の暗殺を企てた罪で、アンダマン・ニコバル諸島の刑務所に入れられたが、恩赦で戻ってきたヒンドゥー右翼の英雄――の周りに、こうした青年たちの幾人かが集まっていたのである。この問題については終章で再び論じることになるだろう。

政治の世界から再び身を遠ざける

すでに英領インドの政治は、「イギリス対インド」とか「帝国主義対ナショナリズム」といった単純な図式ではとらえられない、複雑なものになっていた。実は、一九三四年、ガンディーは一念発起して、会議派からの脱退を宣言した。一九三五年に新統治法が制定されれば、より多くの有権者による議会選挙が行われる。会議派の多くの指導者が選挙に立候補したいと考えている。議会で多数派を取り、州政府を担って政治の実権を握りたい、と。これは、ガンディーの考えるスワラージやサッティヤーグラハの思想とは、大きく異なる選択肢だった。六五歳の誕生日を迎えたガンディーは、政界での自分の役割に見切りをつけ、アーシュラムを立て直し、カーディーの運動、ハリジャンの運動、ヒンドゥーとイスラームの宥和を目指すサッティヤーグラハに力を注ごうと考えたのである。

ガンディーは一九三四年末の会議派年次大会で市民不服従運動の終了を提案し、それ以後は彼一人でサッティヤーグラハを行うと約束した。自分は会議派を去り、以後の政治は若い人々に委ねようとしたのである。しかし、ガンディー自身がどう考えようが、当時の政界で誰よりも有名で、誰よりも影響力を持ち、誰よりも信頼されていたのはガンディーだった。その評判の基礎には、ガンディーの抜きんでた構想力、組織力、実行力があったし、マハートマとしてのカリスマがあった。彼ほど人を呼び、寄附を集められる指導者はいなかった。彼に思い止まるよう訴える人々も大勢いた。

だが、外的な問題以上に、彼に内在する問題があった。ガンディーの中には、エリート政治の世界にはおさまらない自分がいたのである。土を耕す素朴な人々を深く尊敬し、好奇心をもって彼らに学ぶモーハンダースの自分がいた。彼は、国王や首相や総督よりも、「誰々の妻」とか「誰々の娘」としか呼ばれない、村の女性から糸の紡ぎ方を教えてもらうことに、心からの喜びを感じる人だったからである。

医療技術が異なっていたとはいえ、父母や兄はもっと若いときに他界している。自分はもう六十代後半に入り、四十代でも五十代でも病気のために命を落としかけた。一念発起したガンディーは、人生の断捨離を試み、貧しい人々とともに社会を改革することに専念しようと決意した。政治の波の変化を受けて、彼のもとを訪ねる指導者も減っていた。だから、もっと田舎に行って、少ない真の同志とともに簡素な暮らしを再建しよう、と。「塩の行進」以来荒れてしまったグジャラートのサバルマティを正式にたたみ、ガンディーを尊敬する資本家のJ・バージャージの館のあるワルダでアーシュラムを作った。しかし、すぐにここも後にして、一九三六年、郵便もなかなか届かないような村の、さらにはずれに、「セーヴァグラム」(奉仕の村)というアーシュラムを建設した。ガンディー、六六歳のときのことである。

ガンディーは心の底から「完全独立」、つまりスワラージを願い、それに向けてすべてを捧げた。一九〇九年に『ヒンド・スワラージ』を書いたときから変わらず、彼の言う「完全独立」とは、単に帝国からインド国家が独立するということではなかった。それは、人がみな自分の主人となり、わがままな欲望を抑え、互いを慈しみながら共同で暮らす、穏やかで平和な社会を実現することだった。対照的に、現実の政治は、エリートによる国家の独立へと向かい、民衆の社会は、カーストや宗教をめぐって緊張を募らせていた。そういう状況の中でガンディーは、草の根の平和な社会を実現する運動に活路を見出そうとしたのである。時代の波は、彼の信条とは異なる方向にはっきりと進みつつあった。

第5章
最後の祈り

ボンベイにて．1944年

1　ダルマを成就するために

この章では、晩年のガンディーに光を当て、銃弾に倒れる瞬間まで、彼がどのように生き抜いたのかを考えてみたい。彼の人生最後の一〇年間、すなわち一九三八年から一九四八年は、世界史的に見ても激動の時代だった。第二次世界大戦、アジア太平洋戦争、インド・パキスタン分離独立と、まさに暴力的な出来事が続いたときである。非暴力と真の独立を目指してきた老年のガンディーにとって、厳しい試練の日々となったことは想像に難くない。

まず、史上最大の暴力が炸裂した、第二次世界大戦である。ガンディーは、帝国への戦争協力が臣民の義務だとした、南アフリカで経験したボーア戦争や第一次世界大戦のときとは明確に異なる立場を表明した。当初から大戦の正当性を否定し、戦争への反対を公にした。ドイツがポーランドに侵攻すると、彼は間髪を入れずヒトラーに手紙を送り、戦争の停止を訴えた。また、チャーチルがイギリスの戦時内閣の首相に就任すると、自身は拘禁中であったにもかかわらず、本国が占領されてもなお、ドイツとの戦争を回避すべきだ、という書簡をインド総督に託した。ただし、この手紙はチャーチルには届かなかったようである。一九四一年一二月、日本軍の真珠湾攻撃後、アメリカが参戦を表明すると、ガンディーはフランクリン・D・ローズベルト大統領に私信を認めた。戦争の停止を求めるガンディーに対してローズベルト大統領は誠意ある謝辞を返したが、もちろん、平和を取り戻すための戦争から手を引くつもりはなかった。

そもそも一九三〇年代から一九四〇年代の世界には、戦争であれ革命であれ、暴力的な手段を求める時代の風が吹いていた。国家権力を握る側も、それに挑戦する側も、武力の行使こそが停滞を打破し、正義を実現すると宣伝し、多くの人々がそうした思想を信じて武器を取った。次第に、ガンディーは「時代遅れの老人」のように扱われることが増え、会議派の後輩からも「現実を見ていない」という厳しい批判を受けるようになった。ガンディーが集会でイスラームとの共存を説いたとたんに、ヒンドゥー過激派の人々から「祖国の裏切り者」と罵られ、マハートマの穏やかな話し声が、「イスラームを殺せ」という怒声にかき消されるということも、たびたび起こるようになった。他方で、共産主義的な左翼の活動家からは、農民に非暴力を説き、地主や役所に対する一揆を止めようとするガンディーは「資本家の味方」であり、反動勢力だという非難を浴びた。再び、四面楚歌のような状態になりつつあった。

なかでもガンディーを打ちのめしたのは、激しさを増す宗教的な暴力である。今まで平和に暮らしてきた人々が、互いに憎み合い殺し合う。神の名を叫びながら「敵」を襲撃する事件が、頻発するようになった。ヒンドゥー教徒が住民の多数を占める地域ではマイノリティのイスラーム教徒が攻撃され、イスラーム教徒が住民の多数を占める地域ではマイノリティのヒンドゥーの人々が襲われた。いったん暴動が起こると、ごく普通の男性たちが暴徒となり、隣人を殴り、家々を焼き払い、田畑や財産を奪い取った。女性が性暴力を受け、子どもたちは親をなくし、多くの人々が避難民となって故郷を捨てた。

政府や政党は無力さを露呈していた。イギリス人の手中にある政府は、植民地の内輪もめには冷淡な態度を隠さなかった。政治指導者が平和を呼びかけ、軍隊や警察を動員して暴動を食い止めるという、当たり前の治安維持活動を差し控えたのである。他方、国民の統一を呼びかける会議派は参戦決定に抗議して野に下り、多くの指導者が政治犯として捕らえられたため、重要な時期に政治的に不在となった。逆に、ムスリム連盟は、戦時体制の一端を担って影響力を拡大し、イスラームの自決を求めてパキスタン国家の樹立を要求し、ある意味では宗教的な対立を煽る側に回ることになった。

こうした情勢の中、政府も会議派も、非暴力的なサッティヤーグラハを実践してきたガンディーに目を向けた。軍隊や警察を使わずとも、彼なら安上がりな手段で民衆をなだめられるのではないか、と。しかし、ガンディーは誰よりも厳しい状況認識を抱き、「マハートマは神ではなく人間です」と呟いた。イエスが十字架を背負って茨の道を歩んだように、ガンディーは暴動の焼け跡を歩き、避難した人々を慰め、武器を取って脅す恐ろしい男たちに平和と愛を説いた。夜の闇や蛇を怖がった少年モーハンダースは、いつしか裸足でジャングルを歩き、武装した暴徒をも恐れない指導者に変わっていた。狂信的な暗殺者からも身を隠さず、自分を慕う人々と集い、神に祈りを捧げ、心の歌をうたった。凶弾に倒れるその時まで、マハートマとして神に与えられた「ダルマ」(義務)を成就しようとしたのである。

なぜ彼にはそれができたのか。しかし、彼にとっても避けられなかったことは何だったのか。こうした問いを胸に、モーハンダースの人生最後の舞台を見ていきたいと思う。

2　大戦と分断

チャンドラ・ボース

ドイツと日本による戦争は、前の大戦以上に植民地社会に深い亀裂を生み出した。ヨーロッパでのドイツ軍の優勢を前提に、ドイツ・イタリアと同盟を組む日本は、一九三〇年代から支配地域を拡大していた中国大陸のみならず、インドシナ半島、さらには東南アジア全域へと軍を進めることとなった。そうした状況の変化を前に、アジア各地に親日派が現れる一方、蔣介石、毛沢東、金日成、ホーチミンのように武装して日本と戦うナショナリストが登場した。

英領インドでは、会議派は戦争への非協力を決めて野に下っただけでなく、サッティヤーグラハ運動を展開したが、会議派から離反させられたスバース・チャンドラ・ボースは国外に逃亡し、枢軸国側と連携してインドの独立を獲得しようと試みた。一方、全インド・ムスリム連盟は総力戦を展開する大英帝国に協力して、パキスタン独立への道を確実にしようとした。一九三九年八月の独ソ不可侵条約、さらに一九四一年の日ソ中立条約によって、共産主義勢力の立場は複雑となったが、一九四一年にドイツがソ連を侵攻して独ソ戦が始まると、ソ連共産党に忠誠を誓うインド共産党は、公にイギリスへの戦争協力を表明した。このように、戦線の展開に応じて、植民地社会が分断されていったのである。

会議派議長の職を解かれ議場を後にする
チャンドラ・ボース．1939 年

すでに開戦前から、政治指導者の間には厳しい対立が持ち込まれていた。一九三八年に会議派の議長を務めたボースは、インドの武力解放を提案して人々を驚かせた。「塩の行進」の時代、ボースもガンディーに従い、ベンガル地方での市民不服従運動を指導して逮捕されたが、獄中で体調を壊し、釈放後は療養も兼ねてヨーロッパに渡り、ムッソリーニやヒトラーの台頭を目のあたりにして帰国していた。翻って英領インドでは、一九三五年統治法に基づき、三七年州議会の選挙が実施され、勝利した会議派は多くの州で政権を担うことになったが、まもなく政治家の無能と腐敗ぶりが甚だしく露呈され、会議派の信用は急速に失墜してしまった。そこに、ボースが改革の旗手として颯爽と現れたのである。彼は一年間の議長職では満足せず、翌年以降も議長職を続投しようと考え、党内初の議長選挙を実施し、多数の支持票を得た。だが、こうした動きを危険視した党幹部は、一丸となって彼に不信任を突きつけ、ボースは一転して会議派から追放される身となってしまった。

パキスタン決議

一九三九年八月下旬、ヒトラーは電撃的にスターリンと不可侵条約を結び、九月初めドイツ軍がポーランドに侵攻して、第二次世界大戦の火ぶたを切った。破竹の勢いのドイツは次の年にはオランダ・ベルギー・ルクセンブルグ・フランスへと侵攻して占領し、大ブリテン島を脅かすに至った。インド総督のリンリスゴーは開戦後ただちにインドの参戦を表明し、現地の政治指導者たちの反発を買った。ジャワーハルラール・ネルーは、反ファシズム戦線を唱えつつヨーロッパの帝国主義を批判し、植民地の武力解放を目指すべきときが到来したと考えていた。自他ともに認めるガンディーの弟子であったネルーだが、この時点では非暴力・非協力路線には異論を唱えていたのである。

ガンディー自身は、ドイツと戦わざるをえない大英帝国を背後から攻撃することはアンフェアだとし、穏やかな形での非協力運動を考えていたが、会議派の路線はまったくまとまっていなかった。リンリスゴーを引き継いだ新総督ウェーヴェルは、何度もガンディーとの会見を求め、戦争への協力を促したが、ガンディーはインドの独立が約束されない限り、協力はできないという考えを譲らなかった。

会議派とは対照的に、ムスリム連盟は戦争が好機をもたらすと考えた。独立への交渉が自らに有利に働くと考えたのである。当時のインド社会は、ヒンドゥー教徒が三分の二、イスラーム教徒が三分の一、シーク教徒・キリスト教徒・ゾロアスター教徒・仏教徒など他宗教の人々が若干、という構成であった。連盟は、統一インドが実現すれば、マイノリティは永遠に劣位に置かれると警戒し、イスラーム住民の自決が必要だと主張した。一九四〇年の連盟大会で「パキスタン(Pakistan)決議」が採択され、パンジャーブ、アフガン、カシミール、シンド、バローチスタンの文字のアルファベットをつなげた、「パキスタン」という名前の国家を建設する構想が公にされた。この構想は、一九三三年にC・R・アリーという人が提案したものだった。

他のマイノリティ代表からも、独立の暁には「一つのインド」ではなく、複数のインド、あるいは何らかの政治的な「分離」を求めるという考え方が表明された。「不可触民」の権利を主張したアンベードカルは、イスラームの人々が将来の統一インドから出て行けば、ヒンドゥー主義的なカースト支配はさらに強化されると懸念し、自分たちは「差別される者」(ダリット)として「ダリットの国」(ダリットスターン)を追求すべきだと論じた。逆に、ヒンドゥー至上主義的な団体は、アーリア人の団結を唱え、ナチスが鉤十字の印を採用したことを喜び、ドイツが勝利すれば、敗戦した大英帝国はインド亜大陸から退却するだろうと論じた。ヒトラーこそがヨーロッパの「マハートマ」だという、牽強付会な説さえ叫ばれた。

ボースの動き

このように、ヨーロッパの戦争はアジアの混乱を生み出したが、もう一度チャンドラ・ボースの動きを見ておきたい。彼は危険人物として政府の監視下に置かれ、大戦勃発後、カルカッタの自宅に軟禁された。しかし、甥の手を借りて機を見て脱走し、アフガニスタンを経てヨーロッパに向かった。大英帝国の強力な「敵」であるムッソリーニやヒトラーと提携するためである。もっともこの企ては実を結ばず、ボースは次にアジアの大日本帝国へと目を移した。

一九四一年一二月八日、日本海軍が真珠湾を攻撃して日米戦争の火ぶたが切られた。翌年二月、日本陸軍は英領のシンガポールを占領し、二万人のインド兵が日本の捕虜となった。日印同盟を約束していたボースは、捕虜の兵士を編成して「インド国民軍」（ＩＮＡ）を結成した。日本軍はシンガポールを拠点として、英軍基地のあるセイロン（現スリランカ）を海と空から攻撃した。また、英領ビルマに進出を開始し、ベンガル湾の港市ラングーン（現ヤンゴン）を制圧した。ここから北上し、英領インドへと陸路で攻め入る計画を立てた。この地域は、蔣介石の軍隊を支援する「援蔣ルート」であったが、インド亜大陸と中国大陸を結ぶ戦略的位置でもあった。一九四三年一〇月、日本軍の占領下にあるシンガポールで、ボースらは「インド独立」を宣言し、後にアンダマン・ニコバル諸島を暫定政権の実効的な領土とした。

さて、シンガポールを失ったイギリスは、英領インドが敵陣に寝返ることを恐れ、戦争協力を呼び掛ける努力を再開した。一九四二年春、自由党のクリップスを団長とする内閣使節団がインドに派遣された。しかし、本国は曖昧な「自治領」案を示唆するにとどまり、会議派との距離は縮まらないまま交渉は失敗に終わった。これを受けて、ガンディーは「戦いか死か」(Do or Die)という戦闘的スローガンを掲げ、「インドを立ち去れ」(Quit India)と帝国に対して要求する全国的な市民不服従運動を行うことを提案し、八月の会議派全国委員会で採択された。政治的膠着を破るための一策だったが、運動が開始されると、ガンディーをはじめ会議派指導者は一斉に逮捕された。

ガンディーは、「逮捕されなければ、会議派も自分も惨めなことになっただろう」と述懐し、一日も早い逮捕を待ち望んでいたらしい。このとき、ガンディーは一般の刑務所ではなく、一九世紀末にイスラームの大守アガ・カーンによって建てられた、プーナ近くの宮殿に、妻らとともに収監された。高齢のマハートマが獄死するようなことがあれば、大変な事態を招くかもしれない。イギリス側は、きわめて慎重にガンディーを処遇した。ともあれ、会議派として、指導者たちが不在になれば、統一的な運動の実施は期待できない。運動の過激化も招き、膨大な数の人々が弾圧され、逮捕された。

他方、一九二五年に結成された民族義勇団(ＲＳＳ)に代表される、ヒンドゥー主義的な団体も影響力を拡大しつつあった。思想的な指導者と尊敬されるゴルワルカルは『一束の思想』という書を発表し、発禁処分を受けていた。また、プーナ近郊で軟禁生活を科されていたサーヴァルカルは、周囲の若者に信奉者を増やしていた。イスラーム側のパキスタン運動に対抗するように、過激なヒンドゥー主義も人気を増していたのである。

3　ジンナーとの対決

戦後構想

一九四四年五月、ガンディーは二年近く幽閉されたアガ・カーン宮殿から解放された。三か月前に妻カストゥルバを看取り、葬式を出したばかりであった。外の世界ではドイツや日本の敗色が濃くなり、植民地の戦後構想を話し合う時期が到来したと考えた総督が、交渉相手としてのガンディーを真っ先に釈放したのである。ガンディーは友人宅に身を寄せて、自らの体力を回復するために自然療法を学び、さらに貧しい農民にもこの知識を普及させる構想を温めた。

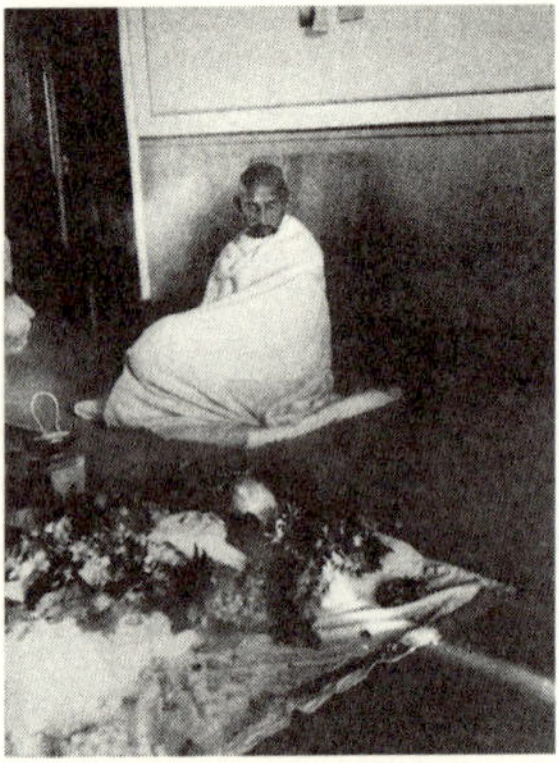
カストゥルバの亡骸のそばに坐すガンディー．1944 年

しかし、政治の世界はまだ彼を離してくれなかった。病床にあったムスリム連盟のジンナーも、会談のためガンディーをボンベイの自宅に招いた。こうした動きを察して、ガンディーに親しいC・ラージャーゴーパラチャーリは、インドとパキスタンの二国独立構想をまとめたが、ガンディーの賛成するところとはならなかった。また、ガンディーの右腕であったヴァッラブバーイ・パテールや他の指導者も、次々に自由の身となっていった。

ただし、ジャワーハルラール・ネルーは、かつて英領インドの武力解放を唱えたことから、なかなか釈放されなかった。また、日本軍の敗退を前に、チャンドラ・ボースは母国の独立にはぜひ協力したいと綴った手紙を、亡命先からガンディーに送っていた。つまり、この時点では誰もが、ガンディーこそが独立を決める中心的な指導者だと考えていたことになる。

ドイツ降伏後の一九四五年六月、高山に囲まれるシムラーで、独立をめぐる政治会議が総督の招待で開催された。非植民地化をめぐる指導者の集まりである。ガンディーはさんざん参加を渋ったのち、親しい同志から成る「ガンディー軍団」とともにシムラーにたどり着いた。気もそぞろだったガンディーの様子を伝えるエピソードがある。貧しい子どもがくれた愛用のちびた鉛筆をなくし、それを探すために、総督やジンナーらを半日以上も待たせて怒らせたという話である。ガンディーは、それほどこの会議が嫌だったらしい。

おそらく、ガンディーは会議の決裂を正確に見越していた。撤退のシナリオを決めるのは帝国の権限であること、ムスリム連盟は戦争協力の褒章を与えられること、会議派は意見がまとまらないこと、である。ジンナーは、会議派がヒンドゥー住民を代表し、連盟がイスラーム住民を代表するという主張を譲らなかった。逆に、会議派は、宗教の違いを超えて、自分たちこそが国民を代表すると主張した。どちらも譲らず、独立へのロードマップを話し合うどころではなかった。

ジンナーの変貌

ガンディーと真正面から対決したのは、ジンナーである。彼は、イスラーム教徒を代表するムスリム連盟の指導者であり、イスラームとヒンドゥーは別の国民だと強硬に主張した。いわゆる「二国民論」である。だが、西のパンジャーブ地方や東のベンガル地方にはイスラームの住民が多いものの、シークやヒンドゥーの人々も混住し、これらの地域を代表する政治家たちの伝統もあった。したがって、イスラームの民族自決を求めるジンナーらは、古くからの地元勢力と対抗しつつ、運動をテコに影響力を伸ばす必要があった。

ジンナーもまた、波乱万丈の人生を送っていた。若き日の彼は、英語を巧みに操り、煙草を吸い、イギリス帰りの有能な法律家だった。その点では、ガンディーと似たところも多い。そして、早々と会議派の有力政治家として尊敬を集めた。

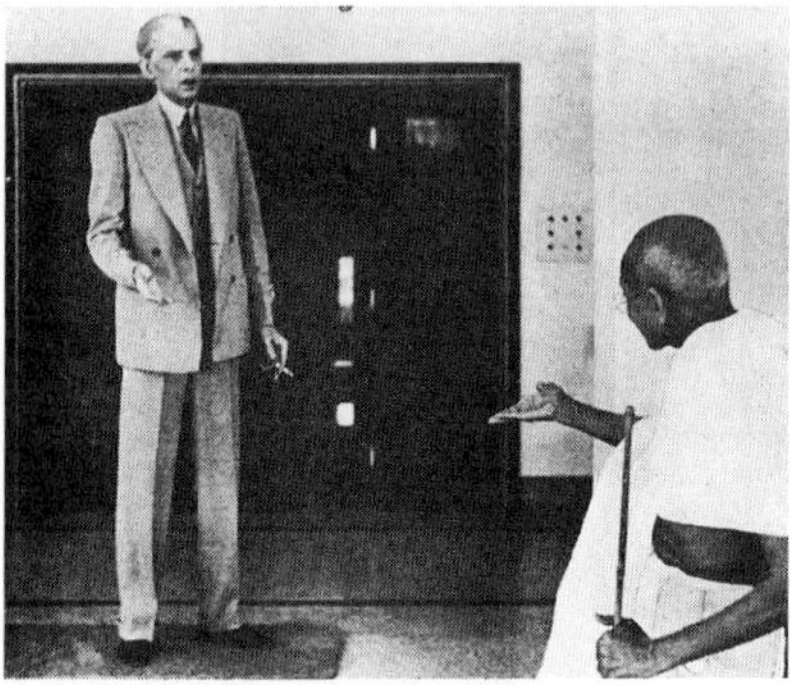

ジンナーとガンディー，1944年

第一次世界大戦が始まると、戦争協力の見返りに自治を要求する声が強まり、ジンナーは、アイルランド系のアニー・ベザントや会議派の雄ティラクとともに、自治連盟の運動を立ち上げた。さらに、ヒンドゥーとイスラームの連帯を目指し、ラクナウ協定という歴史的な協定をまとめる上で貢献した。ジンナーこそ、宗教に凝り固まった保守勢力に対抗し、議会主義の近代的な政治を目指し、国民国家を建設しようと訴える人だったのである。

その彼が、一九四五年にはまったく異なる人になっていた。イスラーム国家パキスタンの建国という思想、それを実現するための実力行使の呼びかけ。なぜ、彼は、国民の指導者からイスラームの指導者に変貌したのか。その原因は、ガンディーにあったとも言われる。ヒンドゥー僧のような衣をまとい、禁欲生活を説き、民衆運動を率いる奇妙な人物。ジンナーこそがナショナリズムの旗手であったのに、一九一五年に帰国したガンディーは、瞬く間に人気ナンバーワンの指導者にのし上がった。ジンナーは、ガンディーの運動方針に反発し、一九二〇年には会議派を出てしまった。それ以後のジンナーの言動の根底に、ガンディーへの強烈な対抗意識があるとされる。

ガンディーは、「インドは一つ」であり、帝国の撤退後、住民が国の形を選ぶべきだということを繰り返し説いた。この考えには、独立後、イスラームはマイノリティに転落してしまうと主張するムスリム連盟だけでなく、会議派の指導者たちの多くも賛成していなかった。もしも分断が避けられないならば、イギリスの下で将来の国家の形を決めたほうが、内乱を回避できると考えたからである。こうして味方からも敵方からも、頑固な理想主義者のように扱われたガンディーは、失意の中、会議の半ばで退席し、アーシュラムへの帰路についた。

ノアカリへ

一九四五年秋には、一九三五年統治法に基づき、戦後初の州議会選挙が行われる予定となっていた。選挙の結果に応じてどのような州政権が樹立されるかは、独立への道のりを決める上での重要な要因になるはずだった。要するに、パキスタンの建国を目指すムスリム連盟がどこまで勝利するか、統一インドを掲げる会議派がどこまで議席を確保するかの、世論調査のような役割が期待されたからである。結局、一般選挙区とは別に、イスラームの有権者だけが投票するムスリム分離選挙区においては、ムスリム連盟がすべての議席を獲得し大勝した。イスラームの選挙民は、反政府の立場で野に下った会議派よりも、与党として戦時を支えたムスリム連盟に信を示したと解釈された。

イギリスでは一九四五年七月に戦後の総選挙が実施され、労働党が圧倒的に勝利してアトリー内閣が成立した。新首相はウェーヴェル総督に、三年以内に英領インドを独立させるよう指示し、続いて、一九四六年五月、三年前に失敗した内閣使節団を構成したクリップス、アレクサンダー、ペティック・ローレンスら、インド通の政治家から成る内閣使節団を派遣した。しかし、「自治領の地位」を与えるという時代遅れの提案を行った使節団に対して、ムスリム連盟はパキスタンの分離を主張し、会議派は激しく抵抗した。戦時中に功績を挙げた四七歳の海軍大将マウントバッテン卿が最後の総督に任命され、事態の打開に着手するのは、ようやく一九四七年二月のことである。

ガンディーは分離には断固として反対し、ジンナーをインドの最高指導者に指名して、彼が望むような政府を作らせるならば、分離は回避できるのではないかと提案した。この提案はイギリス側を驚かせただけでなく、会議派の他の指導者の賛成をまったく得られなかった。ネルー、パテール、ラージャーゴーパラチャーリらは、すでに二国への分離は避けられないという結論に達していた。協議の結果、イギリス側の当初の意図とはまったく異なる合意案となり、イギリスはインドとパキスタンの二国への独立を認める、つまり英領インドと五四二の藩王国を二つの政治単位に分割するという方針で、独立へのロードマップを描くことになった。

ガンディーは暗澹たる気持ちで会議の場を離れた。交渉の中で、信頼するネルー、パテール、ラージャーゴーパラチャーリに離反され、孤立してしまった。勘のよい彼は、そこには自分ができることはないと判断し、自分をもっとも必要としている人々が待つところ、すなわち東方の暴動の現場に向かった。ベンガル州のカルカッタでは前年から暴動が続き、ビハール州など北インドでも深刻な事態を迎えていたが、それらの地域には、会議派の指導者たちもたくさんいる。ネルーらには反対されたものの、ガンディーは、英領ビルマに近いベンガル地方ナッタゴン地域のノアカリ県へと向かった。ここでは、一九四六年に入って多数派のイスラーム教徒の住民が少数派のヒンドゥー教徒の住民を襲撃し殺害する事件が起こり、七千人以上の犠牲者が出たとされていた。分離によってパキスタン側に編入される地域であったが、パキスタン運動はこれほどの辺境にも影響を与えていたのである。

ヒンドゥー教徒は全国的には多数を占めているが、ノアカリでは逆にマイノリティであった。確認しておくべきなのは、ガンディーがこの旅を企てたのは、そのヒンドゥー教徒たちを救うためであったことである。ガンディーはノアカリの地で、分離独立の旗を振るジンナーに打ち勝つことを決意していた。

4 裸足の巡礼

目には目を、歯には歯を

一九四六年に入ってもベンガル州の緊張は解けず、ヒンドゥー教徒が約三分の二、イスラーム教徒が約三分の一の人口を占めるカルカッタ市は一触即発の状態が続いた。にもかかわらず、ムスリム連盟は、三月二三日の「パキスタンの日」に向けて、激しい宣伝を繰り広げた。六月、内閣使節団が独立に向けた新提案を発表すると、それを不満としたジンナーは八月一六日を「直接行動の日」とし、パキスタン独立を求めて「イスラーム教徒よ、立ち上がれ」とハルタール(ストライキ)を呼び掛けた。その結果、武装した人々が衝突し、大規模な暴動が発生した。

「カルカッタの虐殺」といわれている。バスや車が破壊され、家々が焼かれ、四千人以上の命が失われ、一〇万人以上の避難民が脱出した。

カルカッタ暴動は数週間も断続的に続き、同州東部のノアカリに広がり、北インドのビハール州や統合州にも影響を与えた。カルカッタやノアカリでイスラーム の暴徒によってヒンドゥー教徒が殺されたのだから、今度はビハール州や統合州で、ヒンドゥー側がイスラーム教徒を襲撃しなければならないという、「目には目を、歯には歯を」という論理である。

「暴力の連鎖」の土台には、憎悪と復讐のダイナミズムがある。そして、暴動の発生を許すのは、法と秩序を守り、暴力的な犯罪に適切な対処を行う政府の不在である。当時の植民地政府は驚くほど無関心で、軍隊や警察を配置して暴動を予防しなかっただけでなく、暴動の被害を調査し、法と秩序を回復するという任務を果たそうとしなかった。そうした中で、会議派の指導者たちはデリーからビハールに飛び、事態の収拾を図ろうとした。

三〇年前にビハール州のチャンパーランでインド初のサッティヤーグラハを指導したガンディーにも、すぐ現地に来てほしいという要請が寄せられた。しかし、すでにベンガルの州首相シュラワディらにノアカリへの訪問を約束していたガンディーは、この依頼を断り、ベンガルに足を向けた。独立後初の大統領となったラージェンドラ・プラサードのように、ビハールには傑出した会議派指導者も多かったが、ノアカリには会議派の組織はないに等しかった。そういう僻地だからこそ、武装した人々に武器を置くよう説得するのは自分の務めだとガンディーは考えたのだろう。

和解と許し

一一月六日、ベンガル州商務大臣シャムスッディンや州首相の議会秘書官ナスルッラー・カーンらとともに、州首相シュラワディが準備した特別列車に乗り込み、ガンディーは東に向かった。途中で鉄道から蒸気船に乗り換え、川を進み、ティッペラ＝ノアカリ県のチャンドプルという町に到着した。ガンディーは大戦中のサッティヤーグラハにならって、「戦いか死か」と宣言し、暴動が鎮まるまでこの地を出て行かないと約束した。この地域の住民構成は、宗教暴動を生みやすい特徴を持っていた。イスラームの村民の多い貧しい農村地域だが、教育を受けて近代的な職業を持つ人にはヒンドゥーが多いという構成である。このようなヒンドゥーの人々が、イスラーム側からの攻撃を受けることになった。

ベンガルの州首相は、ガンディーの身辺警護を考えて、一〇名ほどの警察官の一行を派遣したが、ガンディーはそれを受け入れながらも、数名のアーシュラム仲間しか同行させなかった。ガンディーの甥の息子であるカヌーと妻のアバ、秘書のピャレラール・ナヤールとその妻でガンディーの健康を管理している医師のスシーラ、ベンガル語の通訳として大学教授のN・K・

ボースが加わった。また、カルカッタ近郊でカーディーのアーシュラムを運営するサティス・ダースグプタは、組み立て式の住居をマハートマ用に用意して運搬した。ガンディーはこれを「御殿」と呼び、簡素な宿泊場所があれば十分だと遠慮したという。こうして、全体としてはヒンドゥーの多い一行となったが、イスラーム教徒のアムトゥス・サラームも同行した。

旅を始めて一週間後にカーズルキールという町に着くと、ガンディーは「一人ひとりのサッティヤーグラハ」を唱え、イスラーム教徒が多数を占めるところで暮らすマイノリティのヒンドゥーの人々を激励する計画を立てた。具体的には、ガンディーの仲間が一人ずつ一つの村を担当して自分の得意な方法で活動することにし、チームとしてはラームガンジ管区のほぼ二〇キロメートル四方をカバーした。ガンディー自身はシュリラームプル村というところに居を構え、ヤシの木の横にある小屋で板の間に寝床を敷いて寝起きした。毎日夕べの会を開き、近くの住民が集まって歌を唄い、太鼓を叩き、祈りを捧げた。一一月二三日には、ヒンドゥーもイスラームも加わる形で、村ごとの「平和委員会」を結成することが約束された。

和解と許しを実現するために、ガンディーはバティアルプルにイスラーム教徒による委員会を結成し、ヒンドゥーの人々の命と財産を守り、暴徒によって拉致された女性たちを家族の元に戻すことが約束された。また、ヒンドゥーの寺の破壊された神像を修復することや、イスラームの青年たちが二度とヒンドゥーの人々を攻撃しないことを約束させた。スシーラは傷ついた人々を治療して村人との信頼関係を築き、村の学校や市場を再開させた。カヌーやアバはヒンドゥーとイスラーム間の垣根を取り払うように働きかけ、他のメンバーはダリットの家に滞在して共有地を清掃し、壊れた建物を修理したという。イスラーム教徒のサラームは、ラムザーンの断食をして非暴力の意味を村人たちに訴えた。

もちろん、警察や司法の目が届かず、法と秩序をもたらす政府が存在していないところで、ガンディーらに法の裁きを科す手立てがあるわけではなかった。暴動の加害者が自首することはなかったし、仲間を裏切って犯罪者を通報する者もおらず、暴動の凶器が差し出されることもなかった。言いかえれば、人殺しや強盗やレイピストは野放しのままだったのである。けれども、ガンディーは諦めなかった。

たとえば、シンディ村では、一一名のイスラーム教徒が揃って、ガンディーの起草した文章を読み上げて、「神の御前で、ヒンドゥー教徒の信仰の権利を保護し、失われた剣を探し続けること」を宣言した。このような宣言を獲得することで、暴動で逃げ出したヒンドゥーの避難民が帰村できるように、ガンディーらが介入したのである。実際、しばらく時間を置くと、ヒンドゥーの人々も家に戻り、次第に落ち着いて、やがてヒンドゥーの歌や祈りの声が聞こえるようになり、ヒンドゥーの女性たちは額にビンドゥーという色を付け、腕輪を飾り始めたという。こなごなにされた日常生活が回復される兆しであった。

見方を変えると、二一世紀の世界で「人道的介入」「平和構築」「紛争後の和解」といった言葉で呼ばれ、国連機関や現地政府やNGOなどが担当しているのに近い仕事を、ガンディーのチームは創造的に実践していたのではないだろうか。

ガンディーは六週間もシュリラームプル村に滞在し、そこから平和を説く行脚の旅に出発した。体力的に無理のないように一日六キロメートル以内の行程で進むように計画されていたが、彼はサンダルも脱ぎ裸足で歩いたという。川を渡り、崩れそうな崖を通り、けっして楽な道のりではなかったが、マハートマは「まるでビロードのように柔らかい」と喜びながら、緑の草の生えた土を踏みしめて前進し、わずか二か月の間に四七もの村を訪問したという。

ガンディーの「杖」となって共に歩いた，アバ(左)とマヌー(右)．1948年

ガンディーらには高級で安全なホテルはなかった。自分たちを宿泊させてくれる村人たちの善意に頼って夜露をしのいだ。その多くがヒンドゥーの農民たちであったが、けっして豊かで高い身分の家ではなく、洗濯カースト、漁民カースト、靴修理のカースト、織物職人のカーストなど身分の低い人々の世話になることになった。そ

して、暴動から逃げてきた避難民の話を日々聞き続けた。襲撃され、身内を殺され、傷ついた人々。暴漢に襲われた女性たち。親を失って逃げてきた子どもたち。負傷して病気になった人々。家族も家も失って帰るところもなく怯える人々。来る日も来る日も、こうした人々の聞き役となり、彼らの心身を癒そうと努力したのである。

自分は暗闇の中にいる

同じころ、ノアカリから遠く離れた首都デリーと帝都ロンドンでは、独立をめぐる交渉が大詰めを迎えていた。イギリス政府は英領インドの代表をロンドンに招き、会議派からはネルーとバハデーヴ・シンが、ムスリム連盟からはジンナーとリアカット・アリ・カーンが参加した。先の内閣使節団の提案をめぐって、使節団のメンバーだったクリップスとローレンスは会議派の見解を支持したが、ウェーヴェル総督ともう一人の使節団メンバーのアレクサンダーはムスリム連盟の見解を支持して、イギリス側も真っ二つに割れてしまった。そのため最終的には首相のアトリーが決定することになり、ムスリム連盟に有利な形での分離独立を選択した。そして、イギリス政府は、インドとパキスタンの分離だけでなく、北東部のアッサム州と北西部の北西辺境州を加えた、より大きな領土をパキスタンに与える構想をまとめたのである。

これは会議派には納得できない内容だった。この困難をどう乗り越えるかに悩んだネルーと会議派の新しい議長クリパラーニは、イギリスからの帰国後、ガンディーに相談するために遠路はるばるノアカリまで旅をした。驚くべきことに、ネルーとクリパラーニの二人も、ガンディーが身を寄せる村人の家に滞在し、ともに夜を過ごしたのである。ガンディーは、イギリスが分離独立を決めたのなら受け入れるしかないとの厳しい見解を示しつつも、イスラームの住民が多い北西辺境州はともかく、アッサム州までもパキスタンに併合されるべき理由はないという見解を示した。彼は、イギリスが撤退した後、どのような独立を求めるかはアッサムの住民が自ら決定すべきだという持論を伝えた。このガンディーの提案が、やがて会議派の全国委員会で採択され、会議派の正式な方針となる。

さて、ノアカリでの活動は、七七歳のガンディーには予想以上に苛酷なものであったにちがいない。同胞が殺し合い、非暴力的なスワデーシの夢は打ち砕かれた。ガンディーの一行は、暴動の現場を視察し、破壊されたヒンドゥーの寺を回り、焼き討ちにされた家や学校や病院の残骸を目にし、放置された頭蓋骨や焼け焦げのばらばら遺体を目撃したという。命がけで避難してきた人々も、ガンディーらに恐ろしい光景や悲惨な経験について語り続けた。彼は、自分に会いに来た人々には夜でも自分の姿が見えるように、一晩中自分の部屋の明かりをつけておくよう指示していた。身動きできないおじいさんのために、アバとともに小船に乗ってわざわざ会いに行ったというエピソードも残っている。マハートマは傷ついた人々に優しく、自己を律する強い人であり続けた。

とはいえ、彼は「自分は暗闇の中にいる」と繰り返しこぼしていた。どうすれば、この暗闇からの出口が見えるのか。ガンディーは深く苦しんだらしい。そもそも人生を通じて、夜は三、四時間くらいの睡眠しか取らないような働き者だったが、このときにもそのような生活パターンを壊さなかった。自分でもよく体がもっていると笑っていたが、従来から血圧が高く、体調を崩しやすかった。ノアカリに着いて一か月ほどしたころには、かなり体力を失っていたようで、よく眠れない日々が続いた。そしてある晩、ガンディーは夜中の一時ごろ目を覚まし、大声で叫びながら自分の頭を強く叩くという、パニック症のような発作を起こしたと記録されている。彼のストレスがいかに大きいものだったかを示している。

ブラーフマチャーリヤ

普通の政治家であれば、宗教的な暴動が起ころうとも、社会が二つの国家に引き裂かれようとも、自分の人間的な能力が不足しているためにそうなったとは考えもしないだろう。だが、その点でガンディーの思考方法はきわめて独特だった。彼は、自分に十分な力があるならば、人々を救い、平和を保障し、分離独立を止め、「ジンナーに打ち勝つことができる」はずだと考えたのである。しかも、その力は金銭や武力ではなかった。まさに、自分自身の力だったのである。あまりに思い詰めて、自分が十代だったころに尊師と仰いだラージチャンドラの言葉を思い出し、ヨガを実践して自分の内なる力を最大限に高めようと決意した。

具体的には、性的禁欲を誓う修行、つまり「ブラーフマチャーリヤ」というヨガの方法にガンディーは道を見出した。そして、一九歳の孫娘マヌーをノアカリに呼び寄せて説得し、着物をつけず裸で休み、寝床を共にするという修行を開始したのである。彼は友人や仲間にもこの計画を説明し、気楽に意見や感想を求めたが、誰が反対しても決意を変えず、二人が「裸で寝ていてもまったく清らかな状態だ」と答えていた。実際、この修行に着手して、人間的な温もりに暖を取ったかに見えたガンディーは、それなりに元気さを取り戻し、パニック症のような状態を脱したようである。

しかし、この「奇行」は周囲に波紋を投げかけた。ガンディーは気がふれたという噂が広がり、彼のもとを去る弟子が続出した。終生ガンディーに従ったイギリス出身の女性活動家ミラベーンは強く抗議した。ガンディーがノアカリからも原稿を送っていた『ハリジャン』紙の編集や出版を担当していた人々は、怒りを示して職を辞した。ノアカリで一緒に活動したアムトゥス・サラームも失望してガンディーのもとを去っていった。神に自己を捧げるガンディーのヨガは、多くの人々の理解を超えたものであり、神に反する蛮行として、ノアカリの地元でも怒りを買い、とくにイスラームの人々からは厳しい非難が寄せられた。ガンディーの言葉をべンガル語に通訳する役目を負っていたボース教授は大変に苦労して、ヨガについてはガンディーの言ったことを文字通りには翻訳しないことが続いたらしい。

祖父の希望を叶えようと努めた若いマヌーも、周囲の雰囲気を察して、ヨガを始めた一か月後の一九四七年一月初め、祖父に対して修行の停止を嘆願した。ガンディーは「怖がらないでいいよ」と慰めたが、マヌーの気持ちを汲んで止めることにした。ガンディーの孫であり、作家として知られるラージモーハン・ガンディーは、マハートマについての二冊目の伝記の中でこう書いている。「非暴力《アヒンサ》が完全に成就すれば、周囲の敵意や悪の諸力を完全に流し去ることができる」と信じ、「自己を完璧に空にできれば、そこに神の力が入り込み、コミュナルな暴力に打ち勝つことができる」はずだ——。祖父はそう望んで、厳しい犠牲を神に捧げようとしたのだ、と。

なぜヨガであったのか

インド国家の正史を伝えるような歴史書やガンディー伝においては、この「ブラーフマチャーリヤ」の実験はほとんど言及されてこなかった。常識的にはマハートマらしくない行為だと考えられ拒絶されてきたのだろう。一部の文筆家が指摘してきたように、ガンディーには性的倒錯の兆候があったのだろうか。あるいは、高齢ゆえにこのような逸脱行為に走ったのか。だが、当時のガンディーの手紙や発言を辿るかぎり、精神に異常をきたしたとは思えない。政策をめぐる論議についても、ネルーやパテールよりも鋭い分析力を発揮している。いつも通りの冷静で穏やかで、辛抱強く賢いマハートマであった。そうだとすれば、性的な禁欲のヨガを実行すれば宗教暴動が抑えられるなどと、ガンディーはどうして考えたのだろうか。

ここでやや牽強付会の感はあるが、筆者の考えを述べさせてもらいたいと思う。ガンディーの「ブラーフマチャーリヤ」については、長い間、筆者にも答えが見つからなかった。ところが最近、まったく別の仕事をしている最中に、とつぜん一つの解釈に思い至ったからである。ちょうど「現代世界のジェンダー的暴力」というテーマについての講義の準備をしていて、一九九〇年代以降、ボスニアやルワンダの内戦で起こった、ジェノサイド、難民、「女性に対する暴力」などの重苦しい問題に頭をめぐらしていたときである。ほぼ同時期に、東アジアについては南京大虐殺とレイプ、あるいは「慰安婦問題」といった事件が論じられ、南アジアではインド・パキスタンの分離独立、カシミール紛争、バングラデシュ独立闘争、アフガニスタン内戦、宗教暴動などの過程で引き起こされた「女性に対する暴力」が問題となってきた。

こうした「事実」を証明する文書は少ない。したがって、多くの情報が被害者の記憶と証言に拠っている。最近の例でいえば、旧ユーゴスラヴィアやルワンダの国際戦犯法廷、国連人権理事会、国連難民高等弁務官事務所（ＵＮＨＣＲ）、ヒューマン・ライツ・ウォッチのようなＮ

GO、さまざまな団体から成る真相究明委員会、各国の裁判記録、メディアの報道などが、女性に対する人権侵害の実態やジェノサイドの恐るべき詳細について、具体的に伝える努力を行っている。しかしそれでも、こうした「事実」に目を開き、取り組んでいくことは難しい。何が起こったかを資料の行間に読み取っていくだけで、人間として大きな試練を受ける。あまりにも耐え難い「事実」だからである。

そのような自分の経験を思い出すと、ノアカリでのガンディーはまさに凄まじいストレスの下に置かれ続けていたことが想像できる。高齢の彼が慣れない土地を行脚し、暴動の被害者の話を聞き、傷つけられた身体を癒そうと努力し、救済策を模索していた。マハートマの前でも、被害を受けた女性たちは恥じらって言葉を詰まらせたり、身を隠したりしたことだろう。記憶喪失になったり、口がきけなくなったり、精神に障害をきたした子どもたちもいたことだろう。ボスニアやルワンダの活動で指摘されてきたことの一つが、暴行された女性たちに事実を語ってもらうためには、被害者と同じ性の専門家が働きかけることが望ましいということであった。男性のガンディーが、同行した女性たちのようには良い聞き手となれないということが起こっただろうか。暴動の現場では、優位に立つ男性が弱い立場の女性を辱めるといった蛮行がまかり通り、普通の社会では問題にならないようなことが大きな障害となる。そうした異常事態の中で、ガンディーは自らのセクシュアリティを超えるためのヨガ修行を必要としたのではなかったか。

子どものころのガンディーは母が大好きだったらしい。そして彼は終生、女性を尊敬し愛していた。アーシュラムではカーストや宗教の異なる女性たちとともに暮らした。手紡ぎ手織りを謳うカーディー運動は、ガンディーの人生にとってもインドのナショナリズムにとっても革新的な重要性を持っていたが、伝統的な紡ぎ手は女性たちであり、ガンディーも彼女たちに糸紡ぎを教わった。また彼は、西欧的な近代医学とは異なる医療、栄養摂取、衛生の知識に深い関心を抱き、「建設的なプログラム」として草の根の社会を改革しようとするときの柱としたが、そもそも昔から、病人や負傷者の世話をし、薬をつくって処方し、妊婦のお産を助けて子どもを取り上げたのは女性だったのである。人間的な自立の思想としてスワラージを考え、共同生活の場であるアーシュラムを営むガンディーにとって、経験に裏付けられた生活の知恵を持つ女性たちは、師のような存在であった。

国際社会においてジェンダーの視点が本格的に提起されたのは、一九七五年の国際女性年以降である。女性と男性という二項対立の価値観と社会制度、男性と女性の間の「支配―被支配関係」と家父長制、貧困の女性化、性暴力、とくに紛争下の性暴力など、さまざまな問題が議論されてきた。英領インドの時代にも、女性の権利を訴える動きは現れていたが、もちろん、生前のガンディーは今日の議論を知ることはなかった。しかし、洞察力に優れた彼は、ジェンダー的差異を乗り越える「ブラーフマチャーリヤ」の伝統の中にこそ、紛争を収め傷ついた人々を癒す力があると感じたのかもしれない。

実際、暴動について、「問題解決の鍵はどこかにあるはずだ」という言葉を、ガンディーは繰り返していた。彼は、解決できないほど深刻な危機を前にすると、心身ともに不思議と強靭になり、驚異的な問題解決能力を発揮する人であった。人々はそれを「奇跡」と呼んだのである。そして、彼の「奇跡」は、人並み外れた集中力で問題解決の鍵を探す、天才的な努力によってもたらされたものだった。残念ながら、ノアカリでの「ブラーフマチャーリヤ」は不完全かつ不本意な形で終了したが、こうした非常手段に頼ってでも非暴力《アヒンサ》の「奇跡」をもたらしたいと、ガンディーは考えていたのだろう。ただし、マヌーや周囲の人々にとっては、聖人の行動の意味を汲み尽くせないまま、深い痛手を負った経験であった。

流血の分離独立

一九四七年八月一五日インドは独立し、パキスタンは少し前の一四日深夜に独立を果たした。インドの総督にはマウントバッテンが改めて就任し、ネルーが新首相となった。パキスタンの総督にはムスリム連盟のジンナーが就任し、リアカット・アリ・カーンが首相となった。首都ニューデリーでは式典が開かれ、多くの国民が白地にヒンドゥーのオレンジ色とイスラームの緑を配置し、手紡ぎ車の車をデザインした国旗を掲げて独立を祝った。インド亜大陸の人々にとって、待ちに待った日が到来したはずだった。しかし、祝いの席にガンディーは姿を現さなかった。彼は、一年前に宗教暴動の火が燃え盛ったカルカッタに身を置き、暴力の停止を呼びかけていたからである。二つの国への分断によって多くの人々の命が危険にさらされることを憂い、ガンディーは独立のその時から、インド国家を批判する立場を取ったことになる。

ガンディー不在の中，分離独立を話し合う最後の会合．中央はマウントバッテン総督．1947 年 6 月

両国を分割する国境線は、独立の二日後、八月一七日になって公表された。それまで現地を訪れたこともない、イギリス人官僚のラドクリフが国境委員会を託され、人口調査を基礎に線引きを行ったのである。会議派もムスリム連盟も異論を唱えなかった。「住民の多数がムスリムかムスリムでないかを基準に隣接している地域を確定し、それをもとに国境線を区切る」という原則により、古い寺院があるとか橋が両岸を結んでいるといった固有の要素はほとんど考慮されず、機械的に分断された。このような行為を、ガンディーは「生体

解剖」と呼んだ。

すでに見てきたように、イスラームの人々が多数派を占める地域があったのは、北西地域と北東地域であった。北西地域はインド亜大陸にイスラーム勢力が侵入してくる際の玄関にあたり、イラン・トルコ・中東などのイスラーム文化圏に近い。しかし、ムガール帝国時代はイスラームのナワーブによって支配された東のベンガル地域も、大きなイスラーム人口を抱えていた。したがって、イスラームの人々が過半数を占める県はパキスタンへ、イスラームではない人々が過半数を占める県はインドへという原則を適用すると、インド亜大陸の北西と北東の地域がパキスタンに与えられることになる。その結果、二千キロメートル以上の距離を隔てた東西の領土から成る、人工的な国家が形成されることになった。しかも、イスラーム以外の人々は住みにくい、イスラームの国家が樹立されたのである。

他方のインドは、宗教的多様性を前提に「インド型世俗主義」、すなわち国家は異なる宗教の人々を平等に保護するという原則に沿って樹立されることになった。しかし、東のベンガル地方と西のパンジャーブ州が分割され、イスラーム教徒がパキスタン側になだれ込み、ヒンドゥーやシークの人々が、新しい国家のインドに逃げ込むことになり、膨大な数の難民が発生した。カルカッタには東パキスタンから多くのヒンドゥー教徒が押し寄せ、デリーには西パキスタンからヒンドゥー教徒とシーク教徒の人々が避難民として流れ込んだ。

両政府の資料をもとに国連難民高等弁務官事務所が推計した数としては、それぞれに少なくとも七〇〇〇万人以上の人々が移動していた。集計すれば、一四〇〇〇万人を超える大移動である。数字は確実ではないが、死者数は二〇〇〇万人におよび、レイプされた女性たちは数十万から一〇〇万人の間ではないかと推測されている。インドでは首都や主要な都市が難民キャンプのようになり、各地で多数派のヒンドゥー教徒によって少数派のイスラーム教徒が攻撃される事件が頻発した。インドの国民統合は、最初から厳しい挑戦を受けることになった。

すさまじい暴力が発生した。歴史ドキュメンタリーとして分離独立を描いた『今夜、自由を』で、著者のＤ・ラピエールとＬ・コリンズは、「わが国民は発狂した」という章で、次のように描いている。「いたるところで数が多く強いものが、弱く数の少ないものを殺した。……これまで仲良く隣人として共存してきたヒンドゥー、シーク、ムスリムが、いま憎悪をたぎらせて、たがいに襲いかかった。本当の戦争でも内乱でもゲリラ戦でもなかった。……犯罪は犯罪を触発し、テロはテロを呼び、死が死を招いた」、と。

インド側に向かうヒンドゥーやシークの難民の列と、パキスタン側に向かうイスラーム教徒の列が、横に並んで移動した。暑さと渇きと飢えの中を、運べるだけの荷物を抱え、疲れ切って病に倒れる家族とともに、二度と帰ることのない自分の家や畑を後に、膨大な数の人々が、より安全な土地への逃避行を行っていた。運悪く逃げ遅れた人々は、財産や土地を奪われた上

難民キャンプでのイスラーム教徒の家族．
パキスタン．1947 年

に残酷な殺され方をし、女性や女の子は性的暴行を受けて乳房を切られたり、拉致されて人身売買されたり、あるいはそうした不名誉な辱めを避けるために、敵が襲撃してくる前に自殺したり、父や叔父や兄による集団自決が行われた。避難する人々が乗った列車が襲われて、目指す国に着く前に大量虐殺され、血の海となった列車が到着するという事件も発生した。あまりの混乱と犠牲を前に新政府は無力をかこち、すでに総督を降りてイギリスに帰る準備をしていたマウントバッテンに事態の収拾を依頼したという。

カシミール紛争

ガンディーは、こうした混乱の中にある首都を、とても後にすることができなかった。だからこそ、ネルーらに懇願されていたにもかかわらず、デリーに平和を取り戻してからパンジャーブに行こうと考えた。ベンガルから戻った彼が逗留しようとしたのは、もっとも低いカーストの「不可触民」の人々の寺であった。ネルーやパテールは安全が懸念されると反対したが、ガンディーはなかなか言うことを聞かなかった。しかし、この寺にはパンジャーブから多くの避難民を受け入れなければならないと聞いて、彼はようやく説得され、古くからの友人で大資本家のガンシャムダース・ビルラーの邸宅に腰を落ち着かせることになった。

さらに、分離独立の余波としてカシミール紛争が勃発した。カシミール藩王国は、一九世紀の半ば、イギリスがシーク王国を滅ぼした戦争の後に藩王を選んで樹立させた王国で、大英帝国の保護国として存続していた。皮肉だったのは、ヒンドゥーの藩王の下に暮らす住民は、ほとんどイスラーム教徒だったことである。いよいよイギリスが撤退することになったが、藩王は自分の国を直ちに失いたくはなく、イスラームの国パキスタンには絶対に入りたくない。結局、カシミールの行く末が定まらないままに分離独立の時を迎え、その帰属をめぐる武力紛争が起こったのである。

一九四七年一〇月中旬、パシュトゥーン人の軍勢がカシミールの首都シュリナガルに攻め込み、大混乱が起こった。宮殿に閉じ込められ、あわや敵の手に落ちるかと思われたとき、藩王はインドの首相ネルー宛てに親書を認めた。インドに救済される代わりに、カシミールをインドに帰属させるという約束を交わす手紙だったのである。インド空軍は直ちに行動し、藩王をインドに連れ帰った。ネルーはカシミール奪還に向けて軍を投入する決断を下した。ネルー家の先祖はカシミール・パンディット(カシミールのヒンドゥー学者)と呼ばれるカーストに属し、ジャワーハルラールにはカシミールをパキスタンに譲る気持ちはなかったとされる。ガンディーの非暴力主義を掲げてきた会議派は、独立するなり、隣国との戦争に突入したのである。

ガンディーは戦争の勃発を悲しみ、いち早く平和的な解決を目指すべきだと発言した。だが、彼は何の公職にもなく、与党会議派の議長ですらない。役職に関心を示してこなかったガンディーが、このとき初めて、イギリス人のマウントバッテンに代わる総督になりたいという思いを、「ハリジャンの女の子が大統領になれたらいいだろう」という屈折した言い方でネルーやパテールに伝えていた。もしも総督になれたなら、ジンナーと会談し、紛争を平和的に解決できるかもしれないと期待したのである。

マウントバッテン自身は、課題とされた三年より一年も早く英領インドの独立を実現したのだから一刻も早く帰国したいと望み、さらに「国民の父」として慕われるガンディーこそが次の総督にふさわしいとも考えていたと伝えられる。だが、首相のネルーはこの提案に強く反対してマウントバッテンを驚かせた。インドはパキスタンとの戦争に突入しており、もしもガンディーが総督になったら、非暴力主義を盾に軍隊を撤退させ、カシミールをパキスタンに渡してしまうかもしれない。ネルーは、複雑な国際情勢を考慮してほしいとマウントバッテンの慰留に努め、ガンディーが総督になるという夢は消滅した。

カシミール紛争が激化した一一月末には、ガンディーはネルーに責任を取って首相を辞任するよう勧め、彼の後継者として副首相と内相を務めていたパテールを推薦した。しかし、ネルーは断固として首相の座を降りなかったばかりか、独立前はイギリス人の総司令官の居所だった、ニューデリーの中心部にあるティーン・ムルティー・ハウスと通称される大きな屋敷に、新しい首相官邸を移転させた。ネルーは国家の頂点に立ってインド軍を指揮し、戦争を遂行する意欲を示したのである。この建物は、今日ではジャワーハルラール・ネルー博物館・図書館として一般に公開されている。

インド亜大陸には暴力の嵐が吹きすさんでいる。ガンディーにとっての最優先課題は、暴力を避けて逃げてきた目の前の人々を救うことであった。首都となったニューデリーには政府の立派な建物がたくさんある。彼はネルーやパテールに、贅沢な式典や宴会を開いたりせずに、政府の建物自体を避難してきた人々に開放してほしいと訴えたが、彼らはまったく聞く耳を持たなかった。いまや国家を動かしている後輩たちは、年取ったガンディーがまた屁理屈をこねている、困ったものだという思いを抱いたことだろう。しかし、人々の流す血や悲しみの涙を、ガンディーは忘れることができなかった。こうして、独立一年目の暗い年の暮れを送り、一九四八年の新年を迎える。ガンディーの生涯、最後の年である。

終　章
マハートマの死とその後

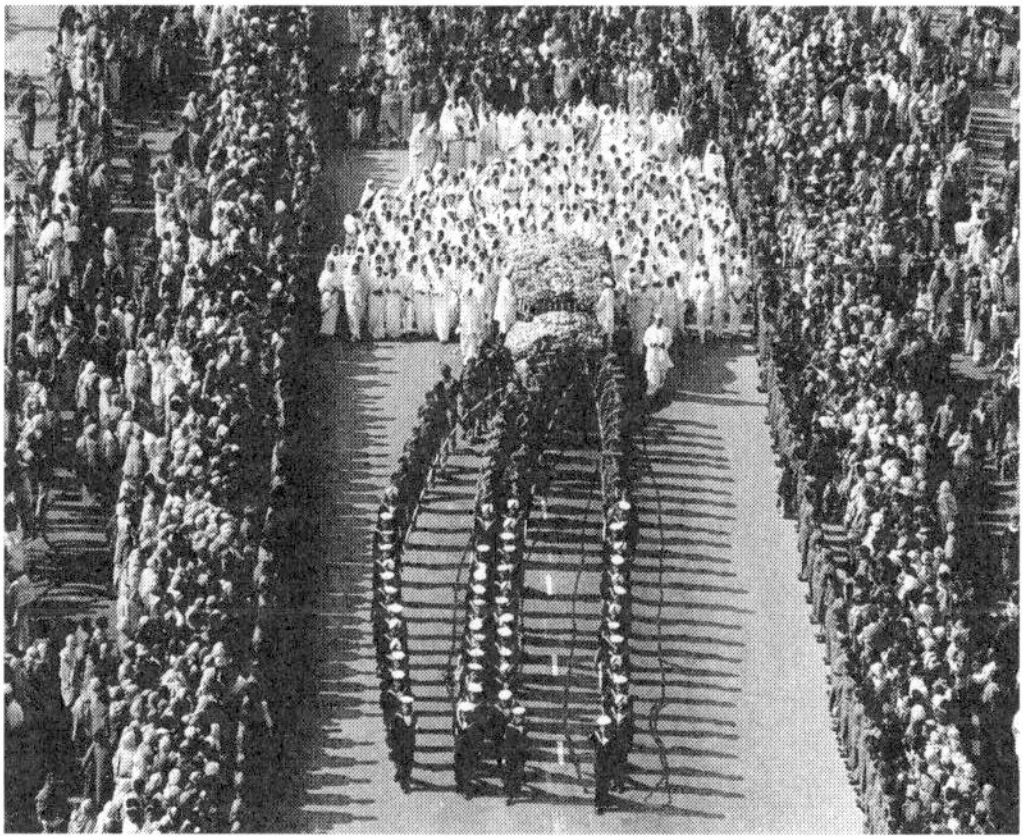

ガンディーの葬儀．首都ニューデリー，1948 年

アッテンボロー監督の映画『ガンディー』については、すでに第1章で言及したが、まさにマハートマ暗殺の場面から始まる。暗殺者の顔がアップで映り、「おお、神さま」とつぶやきつつガンディーが倒れ伏す。本当は、インドの言葉で、「ラーマ様《ヘイ・ラーム》、ラーマ様」と発声したらしい。その後、軍隊の率いる膨大な数の人々の隊列が行進し、「国民の父」の葬儀のパノラマ場面となる。現場中継を行う海外メディアのキャスターが、偉大なガンディーを失ったことに世界が弔意を送ったと語り、アメリカの現職国務長官に続き、物理学者のアインシュタインの言葉が読み上げられる。「後世の人々には、この人が生きたという事実そのものが信じられないだろう」、と。アッテンボロー監督の描くガンディー伝は、偉人ならば死に方もりっぱだろうという、漠然とした私たちの期待に応えるものである。

前章では、ガンディーの老年には数々のスキャンダルじみた出来事が起こっていたことも紹介した。しかし、誕生したばかりのインドという独立国家にとって、スワラージの実現に命をかけた英雄の最期は重厚なものであるべきであり、「茶番」であってはならなかった。だからこそ、インド国民会議派政権は大勢の人々を動員し、荘厳な葬儀を執り行い、ジャムナ川沿いのラージ・ガートでガンディーを火葬に付し、後には追悼の場を建設したのである。

そのように考えると、疑問も浮かんでくる。ガンディー暗殺は本当に、誰も予測しない突然の出来事だったのか。それとも、ある種の「予告された殺人」だったのか。

社会思想家のアシス・ナンディは、ガンディー暗殺から約三〇年後に、「最後の対決——ガンディー暗殺の政治」という論説を書いた。それは、「あらゆる政治的暗殺は共同声明《ジョイント・コミュニケ》である」という一文で始まる。暗殺者、暗殺される者、彼を守るべき警察や周囲の人々。これらの人々の間で暗殺のドラマのプロットが共有され、舞台が準備され、暗殺者によって実行される。暗殺とは、「暗殺者とその被害者が共同で取り組んで執筆した声明なのだ」、と。

暗殺者はともかく、ガンディー自身も、そして首相ネルーも内相パテールも暗殺に手を貸したというのだろうか。ガンディーがいかに死に臨んだのか、それを私たちの時代はどう受け止めるかを検討して、本書の締めくくりとしたい。

暗殺者の物語

ガンディーに銃弾を撃ち込んだのは、ナトゥーラーム・ゴードセーという人物であった。暗殺後、訴追された法廷で被告席に座っている被告たちの中に、彼の顔も写っている。暗殺計画を立てた仲間とともに裁かれたが、ゴードセーはまじめで癇《かん》の強そうな、それでいて繊細な顔立ちの三十代後半の男性であった。人前で話すのは苦手で、とくに英語は使えないとされてい

ナトゥーラーム・ゴードセー．後ろは共犯者のアプテ

た彼が、一世一代の法廷という舞台で、説得力のある答弁を披露したとき、彼を以前から知る人は大変に驚いたという。彼は暗殺を行ったことを明確に認め、命乞いは一切しないと誓い、ガンディーさえいなくなればインドは誤った非暴力思想から自由になり、軍事力でパキスタンに報復し、国民を守って正義を実現できる、と主張した。

> 私は、何百万ものヒンドゥー教徒に拷問のような苦しみ、破滅、破壊をもたらす政策や行動をとった人物に銃弾を放ったと認めます。これほどの加害を行っても訴追する法はありません。だから私が銃殺したのです。私は、誰に対しても個人的な恨みは抱いていませんが、イスラーム教徒を不当に優遇してきた政府の政策には敬意を払えません。同時に、ガンディーこそが、この政策をもたらした張本人なのです。

ゴードセーは、古い都プーナと国際都市ボンベイの間にある農村地域の町を転々として育った。このあたりはヒンドゥーの保守的な伝統が守られてきた土地で、イスラーム勢力の侵略に対して徹底的に戦ったマラータ王国のシヴァージーの人気が高い。イギリスの東インド会社軍が進出した時代にも、敗北したとはいえ、勇敢に戦った歴史が語り継がれている。他方、ボンベイはヨーロッパとアジアをつなぐ国際的な港市として栄え、ホテル・タージを建設したジャムセドジー・タタをはじめインド人の資本家も登場し、政治的にはインド国民会議派の活動拠点となった。ゴードセーはこのように、伝統的な社会と植民地的近代の狭間で成長した人であった。

彼はチットパーヴァン・ブラーフマンというカーストに属していた。誇り高いカーストで、僧侶階級だがクシャトリヤのような戦士の伝統を保ち、多くのナショナリストを輩出した。ガンディーを認めたクリシュナ・ゴーカレーと並び称された、戦闘的ナショナリズムを唱えたロカマニヤ・ティラクは一族の英雄であった。暗殺団の多くが、このカーストの出身者だったことは、偶然ではないだろう。

彼の父は郵便局員、母は敬虔なヒンドゥー教徒、子沢山の一家は貧しかった。兄三人は次々と夭折したため、両親は風習に従ってゴードセーを女の子として育てた。女の子の服を着て、女の子のように鼻輪(ナトゥー)をした。そのため、もともとのラームチャンドラという名前に変えて、ナトゥーラーム(鼻輪のラーム)と呼ばれるようになった。こうした育てられ方が影響したのかどうかはわからないが、ゴードセーは女性に触れられることを嫌悪し、生涯独身で暮らしたという。師と仰いだヒンドゥー右翼のテロリスト、サーヴァルカルとの同性愛的な関係も取りざたされてきたが、確かな証拠はない。

ゴードセーは第五学年までは小学校に通い、その後はドロップアウトした。いろいろな仕事で小遣いを稼いだが、父が倒れた後は一六歳で衣料店を始め、結局失敗して仕立て職人になった。高いカーストの青年としては不満の募る身の立て方だったにちがいない。他方では、ガンディーの著作を独学で読み、「塩の行進」の時期にはガンディーの市民不服従運動に参加して、初めて刑務所に入れられた。しかし、ガンディーが突然に運動を停止させ、インドを代表してロンドンの円卓会議に出席したことに怒り、ガンディーに裏切られたという思いを強く抱くことになった。その後、ヒンドゥー至上主義の性格を強めるヒンドゥー・マハーサバーに加わり、その武装集団である民族義勇団(RSS)にも参加する。これらの団体は、会議派のナショナリズムの方向性に反対し、ヒンドゥーの伝統を守り、強い軍事力を持つ偉大なインドを建設するため、イスラームに譲歩せず、断固たる行動を取るべきだと主張していた。ゴードセーは、その主張に魅惑された。

ゴードセーが師事したのは、ヒンドゥー右翼のテロリストとして知られたサーヴァルカルであった。サーヴァルカルもガンディーと同じようにロンドンで法廷弁護士となったが、一八五七年のインド大反乱を最初の独立戦争だと論じた著作を一九〇九年にロンドンで出版し、すぐに発禁処分を受けていた。この点でも、ガンディーの歩みと類似している。サーヴァルカルらが出入りする、インドの留学生が集うインディア・ハウスは過激運動の拠点とみなされ、英国政府に警戒されていた。

一九一〇年、サーヴァルカルは、イギリス要人暗殺事件に関与したとして逮捕された。その後、インドに護送されるときに逃亡したが、再び逮捕され、終身刑の判決を受けて、ベンガル湾に浮かぶアンダマン・ニコバル諸島の刑務所に収容された。その後の彼は、特赦を求めて、大英帝国への忠誠を誓う手紙を総督宛てに出し続けた。そのサーヴァルカルに恩赦が与えられたのは、皮肉にも、ガンディーの指導する市民不服従運動が高まって、会議派が政治犯釈放を求めたときであった。その後、ボンベイ近郊に居を構えたサーヴァルカルの下に、ヒンドゥー至上主義やテロリズムに惹かれる若者が通うようになった。ゴードセーはそのなかの一人だった。

ゴードセーらが最初にガンディーの暗殺未遂事件を起こしたのは、「不可触民」制度が問題となり、ガンディーが断食をしていた一九三四年である。新しいインド統治法の制定をめぐって、アンベードカルが「不可触民」に属する人々のための分離選挙区を要求したことに対して、ガンディーはヒンドゥー社会を分割してはいけないと唱えて、死を賭した断食を行い、結局、アンベードカルが断念したという事件が起こったころである。第二次世界大戦中には、ゴードセーは小さな出版社を買い取り、『ヒンドゥー・ラーシュトラ』(ヒンドゥー国家)という新聞の発行を始めた。一九四四年には再びガンディー暗殺計画を立てたが、やはり未遂に終わっている。彼らが法の網をかいくぐって自由に活動できたということ自体、植民地政府の警察のあり方を示しているだろう。

さて、法廷でのゴードセーの弁明には、傍聴人の多くが感激の涙を流したと言われている。それだけ、彼に共感を示す人々がいたわけである。ガンディーは間違いの上に間違いを重ねてきたと、ゴードセーは糾弾した。そして、非暴力という誤った思想を説き、ヒンドゥーを犠牲にしてイスラームに力を与えてきた、と。

一九四六年八月以後、ムスリム連盟の私兵がヒンドゥーの人々を虐殺したが、総督ウェーヴェルは……レイプ、殺人、強盗を止めなかった。ヒンドゥーの血がベンガルからカラチまで流出したが、ヒンドゥーの側はほとんど報復しなかった。

「国民の父」と呼ばれるガンディーこそ、分離独立を認め、国民を守る義務を果たさず、「パキスタンの父」となったと非難した。そして、法で裁けない相手だからこそ、自分が処刑したのだと、ゴードセーは胸を張って答えた。

暗殺される者の物語

では、暗殺される側はどうであったか。率直に言って、人生最後の二年間、ガンディーは命を大切にしたとは言い難い。暴動を止めさせるために断食し、十分な警護もなく騒ぎの現場に向かい、攻撃対象になったマイノリティや貧しい人々のスラムや辺境の村に滞在し、武器を捨てるよう暴徒たちに説得を試みた。ヒンドゥーの多い、不特定多数の人々を前にコーランを読み、「犠牲となったイスラームの人々のために祈ろう」と説教を行った。それだけでなく、死の直前には、戦場となったカシミールに足を運び、交戦相手のパキスタンにジンナーを訪ね、平和を取り戻す交渉を行う計画も立てていた。いずれも勇気ある行動だが、自らを危険にさらす無鉄砲な行動だとも言えた。

母国の惨状に、ガンディーは精神的に落ち込み、体調も崩していた。夕べの祈りに集まる人は減り、会議派の指導者にも疎ましがられ、戸外に出ると「ガンディーに死を！」という罵声を浴びることも珍しくなかった。かつてアガ・カーン宮殿に幽閉されていたころ、「自分の使命を果たすには一二五歳まで生きなくては」という言葉が口癖だったのに、そのような冗談は口にしなくなっていた。そのかわりに、「ラーマ様の名前を唱え、微笑みながら死にたい」とか、「殺される瞬間にも、勇者として、殺す者のために神への祈りを唱えよう」といった遺言めいた言葉を囁いて、周囲の人々を心配させた。老いて痩せ衰えたガンディーは断食で命を失う恐れもあったが、彼自身はヒンドゥー過激派の手にかかる死を予測していたらしい。

とはいえ、いくらガンディー自身が死を覚悟していたとしても、インド政府とガンディーの盟友たちは、なぜマハートマを守り切らなかったのか。この点は、暗殺後、繰り返し問われてきた。そもそも事件の一〇日前には、同じ場所、同じ時刻、そして同じ人々によって、暗殺未遂騒ぎが引き起こされていた。しかも一味の一人である二〇歳の過激派青年のパフワは逮捕され、計画の情報を漏らしていた。この間、ゴードセーらはボンベイ州の根拠地に戻り、計画を練り直して再びデリーに来て、自動拳銃のベレッタを調達していた。警察が適切に対応していれば、容疑者を捕えられたのではないか。暗殺を黙過する暗黙の力が、警察の内部で働いたのではないか。疑いは消えない。

デリーでは、ガンディーの身辺警護について、警察を統括するはずの首相ネルーや内相パテールの対応が批判された。ボンベイ州においては、サーヴァルカルやゴードセーらを監視すべき州首相や州内相モラルジ・デサーイらの対応が批判された。頑固なガンディーは「人がお寺へ行くときに荷物を検査されたりしないでしょう」と言い張って警備を断ったが、ネルーやパテールもとくに反対せず、その結果、現場となったビルラー邸の庭園の外側には、数名の警官を配置する軽微な警備しか敷かれなかった。暗殺者たちは警備が強化されることを恐れていたが、それはまったく杞憂にすぎず、早い時間に現場を下見した上、やすやすと犯行の準備を進めることができた。ボンベイにおいては、サーヴァルカルらを逮捕しようとした警察官を州内相デサーイ自身が止め、「そんなことをしたら大変な暴動が起こってしまう」と怒ったという。

多くの人が、ガンディーには死期が近づいている、というメッセージを発していた。誰よりも人心を把握する能力を持っていたガンディーが、それを察知しなかったわけがない。そして、その予測どおり、いつも通り夕べの祈りに歩を進めた、彼の痩せた体を銃弾が貫いた。

英雄神話とその敵

ガンディー暗殺がある程度「予告された殺人」だったとしても、国中のほとんどの人々にとってそれは思いもしない衝撃的な出来事で、インドという国家にも深い傷を負わせた。ネルーは、事件直後、ラジオで「国民の父」の死を伝えた。彼の手元には何の原稿もなかったが、ガンディーがもっとも可愛がった弟子として、独立を目指して戦った同志として、マハートマの意志を継ぐ者として、国民に「お父さん」(バプー)を失った深い悲しみを語り伝えた。

私たちを照らしてくれた光が消えました。今、すべてが闇に包まれています。……みながお父さん(バプー)と呼んできた親愛なる我らが指導者、国民の父が亡くなりました……もう彼のもとに走って行って助言をもらったり、慰めてもらうことはできません。これは大きな打撃です。私にとってだけではなく、この国の膨大な数の人々にとっての打撃です。……しかし、光は消えてしまったと私は言いましたが、おそらくそれは間違いかもしれません。この国を照らしてきたこの光は、尋常のものではありませんでした。したがって、これほど長くこの国を照らしてくれた光は、これから先も長い間、おそらくは千年先でもなお、私たちの国を照らし出してくれるのではないでしょうか。

国中の人々が首相の言葉に涙し、心からマハートマの死を悼んだ。ネルーは、ガンディーの意志を継いで平和な国をつくろうと呼びかけた。首相はバプーを殺した犯人を狂人と呼び、自国がコミュナリズムに荒らされることを許さないと言明した。内相のパテールは、ネルーとともに力を合わせて独立インドの平和を守っていくと誓ったが、警備の失敗を批判され、自らも深く悲しみ、数か月後には心臓発作で倒れたほどであった。

ガンディーが、自らの劇的な死をもってでも暴力の連鎖を止めたい、自分の意向を汲む指導者たちが、国民と一丸となって平和を取り戻してほしい、と望んでいたとすれば、それは予想以上の成功を収めた。暗殺者たちは逮捕され、裁判によって処罰が下され、ヒンドゥー至上主義を唱える民族義勇団は非合法化されて公的活動を停止させられた。マハートマの死こそ、国民の多数派であるヒンドゥー教徒を、反イスラーム的なコミュナリズムの方向へではなく、多宗教が平和的に共存する「インド型世俗主義」の方向へと向かわせるための礎石となった。

こうして、マハートマの死後、分離独立後の内乱と戦争を収拾していく上での国家の方針が定まってくるとともに、その方針に沿って国民的な理念が再確認され、「国民の物語」が叙述されていくことになった。インドの理念とは民主主義、多宗教の共存、多様性の統合、平和主義である。それらと結びついた「国民の物語」の基底には、ガンディー主義的な非暴力の市民不服従運動によって、国民会議派の指導のもと、民衆が独立を勝ち取り、大英帝国からの権力委譲によって平和的な独立が達成されたという議論が敷かれることになった。この理念が正統な「国民の歴史」の土台となり、将来の子どもたちに伝えていくべきメッセージとなった。

「国民の歴史」においては、独立後の初代首相ネルーの師としてのガンディーが重要な位置を占めなければならず、正しい「ガンディー伝」が必要となる。こうして「ガンディーヤナ」というジャンルが作られ、古代叙事詩『ラーマーヤナ』と同じように、ガンディーの伝記が執筆された。彼の残した手紙や文書、写真、新聞や本などが収集・編集・出版された。ポスターやドキュメンタリー・フィルム、手紡ぎ車、衣服、道具などが集められ、全国各地に建設されたガンディー博物館に展示された。街角や公園にはガンディー像が建立され、神に近いマハートマとして崇められることになった。

ガンディーを礎とした新国家のナショナリズムが公式に宣伝されたのに対して、当然のことながら、ガンディーを殺した暗殺者たちは「悪役」とされた。非暴力主義者のガンディーの二人の息子が減刑を求めたものの、ゴードセーは共犯者のアプテとともに翌年死刑となった。暗殺計画の黒幕と疑われたサーヴァルカルは、二〇年後に裁判にかけられたが、結果的には無罪判決を勝ち取った。民族義勇団は非合法化されて指導者が逮捕され、この団体と結びついたジャン・サング(現在のインド人民党[BJP]の前身)も長らく活動を禁止された。このように、マイノリティのイスラームを敵視し、パキスタンという国家を滅ぼそうとするヒンドゥー過激派のナショナリズムは、危険で有害なものとして否定的に位置づけられることになった。

以上のように、独立インドはヒンドゥー至上主義から何とか身を守り、国内の平和を取り戻していった。けれども、新国家に対する挑戦は、右翼からだけでなく、左翼からも押し寄せた。農民運動が活発化し、とくに中国に近い東北部には、毛沢東主義的な運動の影響も広がった。マルクス主義的な階級闘争の視点からすれば、ガンディーこそ資本家や地主に奉仕して労働者や農民の革命を阻んだ人物であり、批判すべき人間であった。しかし、冷戦期の国際政治において、インドは社会主義国家としてソ連と軍事的に手を結び、内政面でも共産党のソ連派が与党のインド国民会議派を支援していた。インド共産党は、ソ連派、中国派、マオイスト派などに分裂していたため、結果的に、会議派の建設した国家とそのナショナリズムに対して、左翼勢力が全面的な攻撃をしかけることにはならずに終わった。

国家主義への右旋回

ガンディー暗殺によって礎石が据えられた、多様な宗教の共存を目指す独立インドと、ゴードセーの末裔たちであるヒンドゥー至上主義勢力とは、反比例の形で連動してきたと言ってよい。会議派が人気のあるときには、「顕教」のナショナリズムを象徴するガンディーは、とても批判のできない存在だが、「密教」のヒンドゥー至上主義が台頭すると、真っ先に批判の矢面に立たされてきた。エリート知識人の影響が強い共産主義的な左翼の運動と比較すると、民族や宗教を柱とするヒンドゥー至上主義的な右翼の運動は、より民衆的な性格が濃いものであった。

民族義勇団に基盤を置く政党ジャン・サングが政治の表舞台に現れはじめたのは、ネルーの一人娘であるインディラ・ガンディー政権の末期、一九七六〜七七年の「ジャナタ(人民)の波」の運動のときからである。下層カーストを代表する政党や、地域の宗教や民族を代表する政党などと並んで、ジャン・サングも反会議派連合に参加した。総選挙で会議派が大敗し、初のジャナタ連合政権が成立すると、ジャン・サングも与党の権力に与《あずか》ることになった。このときの首相は、インディラと対立して会議派を割って出たモラルジ・デサーイであったが、ガンディー主義者と自称する彼こそ、ガンディー暗殺を止めなかったと指摘された、ボンベイ州の内相だったことは因縁深い。

一九八〇年、ジャン・サングはインド人民党と改名したが、まだ弱小な政党にとどまっていた。しかし、一九八〇年代には会議派の威信が動揺しはじめ、宗教に関連する政治問題が浮上した。一九八四年一〇月、首相に復帰していたインディラ・ガンディーが、護衛のシーク教徒に暗殺される事件が起こった。パンジャーブ州で拡大した、「カリスターン」(清浄の地)というシーク教徒の独立国を目指す武装集団の影響であった。その結果、デリーは大暴動に見舞われ、シーク系の人々が襲撃された。他方、イランのイスラーム革命や中東紛争は、アフガニスタン、パキスタン、紛争地域カシミールにも影響を与え、イスラーム原理主義の武装活動が活発化した。インド国内では、離婚されたイスラーム女性の権利やサティ(寡婦殉死)事件をめぐるヒンドゥー女性の保護について激論が起こり、双方とも急進的な宗教活動が広がった。

こうした緊張は、一九九〇年代になるとさらに拡大する。一九九一年、ラジブ・ガンディー元首相が、タミール人の女性テロリストの自爆テロで殺害された。直後の総選挙は弔い選挙となって会議派が勝利したが、元首相暗殺は、インドがスリランカの内戦に介入し、隣国の民族対立に巻き込まれた結果であった。さらに、同年一二月、ソ連解体を受け、ナラシマ・ラオ会議派政権のマンモハン・シン蔵相がインド社会主義の幕を下ろすと発表した。こうしてインドのポスト社会主義時代が始まり、不安に煽られた国民の中でヒンドゥー過激派の人気が高まった。翌九二年一二月には、北インドの古都アヨーディヤを中心に大規模な反イスラーム暴動が起こり、もっとも近代的で多文化主義的な国際都市ボンベイが独立いらい初めての大暴動の舞台となった。

こうした過程で、建国いらい会議派が遵守し、インディラ・ガンディーが首相時代に憲法に明記した「インド型世俗主義」、すなわち、あらゆる宗教を国家が平等に保護するという原則が打撃を受けた。一九九六年の総選挙では、ヒンドゥー至上主義を掲げるインド人民党が躍進して第一党となり、政権連合を組めずに下野したものの、一三日間は政権の座についた。一九九八年二月の総選挙で再び人民党が第一党となると、初めての人民党連合内閣の樹立に成功する。この政権の目標は「強いヒンドゥー国家の再興」であり、古くからの党綱領に沿って核実験・核保有を断行し、翌年にはカシミールで、パキスタンを後ろ盾とする武装勢力との大規模な戦闘を行って勝利した。カルギル戦争と呼ばれている。

二〇〇一年秋、米国同時多発テロ事件の勃発と「テロとの戦い」の影響がアフガニスタンに近いインドやパキスタンにも及び、世界的な対テロ戦争時代を迎える。インド国内でもイスラーム過激派によるテロ事件が続いて、人民党政権は内なる「テロとの戦い」を宣言した。カシミール州の議事堂が爆破され、デリーの国会議事堂では、庭に建てられたガンディー像を前に、武装勢力と警備隊との間で銃撃戦が繰り広げられた。二〇〇二年にはインドとパキスタンの核戦争が恐れられ、各国の大使や関係者が国外に退避する事態も生じた。このような不穏な政情のなか、二〇〇三年には、時の人民党政権は、サーヴァルカルの名誉を回復するとして、彼の肖像画を国会議事堂の中央ホールに飾ることとした。儀式を執り行ったのはアブドゥル・カラム大統領である。彼はイスラーム教徒ではありながら、「ミサイル開発の父」として、人民党に推挙されて大統領に就任した人物である。会議派や他の多くの野党はこれに反対し、式典をボイコットした。

しかし、二〇〇四年総選挙では、一般の予想に反して人民党が敗れ、その趨勢が二〇〇九年総選挙にも持ち越されたため、二〇〇四～一四年の一〇年間は、会議派総裁ソニア・ガンディー(暗殺されたラジブ・ガンディー元首相の夫人)の下でマンモハン・シン連合政権が国家を運営した。インドがＢＲＩＣｓの一員として世界経済を牽引すると言われ、一〇％の成長も不可能ではないと言われた時期である。会議派政権は、国内の反イスラーム勢力を抑え、パキスタンとの関係を安定化させようと努力した。しかし、二〇〇八年のリーマン・ショック後、インドの経済成長は急速に鈍化し、国内の汚職問題やスキャンダルによって政府は支持を失った。その結果、二〇一四年四～五月の総選挙では、インドを再び高度成長の波に乗せる指導者としてナレンドラ・モディが登場し、彼の率いる人民党が、かつてない圧倒的な強さを見せて大勝した。下院で過半数を上回る議席を人民党が獲得し、ほぼ単独で政権を樹立した。

モディは、それ以前の一四年間、グジャラート州の州首相を務め、「グジャラート・モデル」と呼ばれる一〇％の経済成長を達成したことが高く評価される政治家である。しかし、彼の経歴は独特である。ガンディーと同じ故郷のグジャラート州出身で、貧しい母子家庭で育ち、若き日に民族義勇団に加わって指導者として頭角を現した。

モディは、一九九一年のカシミール大行進、一九九二年のアヨーディヤ暴動で指導力を発揮し、後に人民党に転身して政治家となった。モディが州首相となった直後の二〇〇二年二～三月、グジャラート州で大暴動が起こり、三千人以上とも言われるイスラーム教徒が殺され、二〇〇万人とも言われる避難民が発生した。この暴動については、人民党が陰で糸を引いていたのではないかとの疑いが早くからもたれ、人民党のトップであるモディの責任が問われていた。国内外の人権団体が活動し、欧米各国はモディの入国を禁止した。二〇〇九年の総選挙のときには、刑事的に訴追するかどうか、連邦裁判所で検討されたほどである。そのモディが、いまや大国インドの首相の座についている。二〇一六年、モディ首相はアンダマン・ニコバル諸島を訪問し、かの地の刑務所を視察して、改めてサーヴァルカルの栄誉を讃えた。

一九九〇年代以降のインドの大変動を表すかのように、メディアは「三つのM」という言葉を生み出した。アヨーディヤ暴動の歴史的背景となるが、ムガール帝国時代にバーブル大帝の建てた寺院（バーブリ・マスジット）を破壊して、古代からのラーマ王子生誕記念寺を建設するという、ヒンドゥー至上主義を象徴するヒンドゥーの寺（現地の言葉でマンディル）。インド版のアファーマティヴ・アクションとも言える、かつてシュードラと呼ばれて差別されたカーストの人々に対する法的な優遇政策（委員会の委員長の名前を取ってマンダル）。そしてグローバリゼーションと結びついていく市場（マーケット）である。したがって、この四半世紀、ヒンドゥー至上主義による「ヒンドゥー化」だけが進んできたとは言えない。しかし、多宗教の共存を謳ったインド型世俗主義や非暴力・平和の方針が動揺し、強い軍事力を持つインド国家を再興するというヒンドゥー至上主義者の古くからの夢が多数派の支持を得て、新しい正統性を獲得したことは間違いない。かつて「密教」の立場に置かれていたヒンドゥー至上主義的なナショナリズムが、今や堂々と政治の中心に座っているのである。

人々の気持ちの変化は、娯楽や文化に敏感に反映される。一九九〇年代には、ヒンドゥーの神々の登場する『マハーバーラタ』が、テレビの人気番組となった。カナダ在住の気鋭の女性監督ディーパ・メータは、女性の同性愛を扱った映画『ファイアー』を一九九八年に公開したが、ムンバイやデリーなどの多くの映画館で上映中にヒンドゥー暴徒が襲撃し、いったん上映禁止となった。二〇〇〇年に公開された映画『ヘイ・ラーム』では、分離独立時の残虐な暴力シーンが続いた後、弱々しい老人のガンディーが登場し、ゴードセーに射殺される。この映画の題名は、先述したように、ガンディーの最期の言葉、「おお、ラーマ様《ヘイ・ラーム》」である。当時、ニューデリーに滞在していた筆者自身も、ガンディー暗殺の場面で映画館の観客から大きな笑いとヤジが飛んだことには心底驚き、恐怖を覚えた。また最近では、二〇一六年一二月、連邦裁判所は、国歌が演奏されたときには起立して敬意を表さなければならないという判決を下した。映画が上映される前には国歌が流れ、観客は全員起立するのが通例となった。

　このように、グローバルなインドに世界の注目が集まる中で、この国の「ヒンドゥー化」と国家主義への旋回は続いている。人民党が中央のみならず多くの州で政権を保持している二〇一七年現在、マイノリティのイスラームの人々や、ヒンドゥー至上主義の守ろうとする男性優位の思想を批判する女性、人権保護を訴えるNGO、専門家、メディアなどに対する圧迫は、これまでにないほど強化されているという声もある。二〇一六年一一月、首相の一声で五〇〇ルピー札と千ルピー札が突然に廃止された後、新しく発行された二千ルピーという高額紙幣にガンディーの笑顔が印刷されているのを見ると、複雑な思いがする。核保有国となり、世界の大国を目指すインドにとって、ガンディーの非暴力と平和の思想は意味を失いつつあるのだろうか。

もう一つの死

ガンディーの死から七〇年が過ぎて、ガンディーの直接の子孫が、父や祖父の姿を語り始めている。もっとも注目されているのが、長男ハリラールの生涯である。ハリラールは父に反発して家出し、放浪の人生を送った。そして、ガンディー暗殺から半年後、ボンベイの路上に倒れているところを保護され、病院で亡くなった。享年六〇歳。

「国民の父」と言われた人の長男が、なぜ行き倒れて死んだのか。二〇〇七年にはフェローズ・アッバース・カーンが監督した映画『ガンディー、我が父』が公開され、多くの国民を複雑な心境に陥れた。C・B・ダーラールの『ハリラール・ガンディー、その人生』という著作に基づいた内容で、カーン監督自身は、類似した内容の『マハートマ対ガンディー』という演劇を、一九九八年に発表している。

ガンディーとカストゥルバとの最初の子が死んだ後、一八八八年に長男ハリラールが誕生した。ところが、ガンディーは父親になった翌月、妻子を置いてボンベイからイギリスへ旅立ってしまった。第1章でも述べたように、若きモーハンダースはロンドンで弁護士になり、インドに戻ったものの挫折して、南アフリカへ渡り、職業人としての地位を築くまで、妻と子は兄が継いだ実家に預けっぱなしだった。つまり、イギリス帰りで弁護士となった父は、息子の憧れではあっても、つねに「不在の人」であった。

ハリラールが父とともに暮らし始めたのは、ガンディーがようやく妻子を南アフリカに呼び寄せたときである。父は弁護士として成功し、りっぱな事務所を構え、羽振りのよい生活をしていた。それだけでなく、移民たちに尊敬される指導者となっていた。多忙な父は少し大きくなっていたハリラールに勉強を教えたり、一緒に遊んだりすることはなかったようである。さらに、ガンディーがフェニックス農場を開設すると、家族は他人と共同生活を始めることになった。農場では母も自分も人々と平等に労働し、同じものを食べなければならない。急激な暮らしの変化は、ハリラールには辛いものだったただろう。

ハリラールが深く傷つき、父を恨むきっかけとなったのは、留学問題である。無学な母と肩を寄せ合って成長したハリラールは、確かに勉強は足りなかった。しかし、それでも父のようにイギリスに留学して法律家になりたいとずっと希望していた。そして、父もそうしてくれるだろうと信じていた。折しも、知り合いが留学資金を出すと申し出てくれて、ハリラールは天にも昇るような気持ちになった。しかし、ガンディーはその申し出を半ば断り、結局、息子のハリラールではなく、彼の従弟を留学させることに決めた。父のこの仕打ちはハリラールを打ちのめし、彼は家を出て、インドの故郷に戻ってしまった。

ハリラール・ガンディー

それ以後、ハリラールは、父とは真逆の生き方を選んでいく。幼児婚を批判し、青年の性欲を抑え、晩婚を奨め、社会への奉仕を説く父に反発するように、ハリラールは父の許しを得ないまま十代で結婚し、多くの子どもをつくった。カーディー運動が全国的に高まっているときには、英国産の布地の輸入業を立ち上げ、借金をしただけですぐに失敗した。大学教育が必要だと考えて英語やその他の科目を勉強したが、試験には受からなかった。借金をしては父に怒られながら世話になるということを繰り返すうちに、流行病で妻と子を失い、それからは糸が切れた凧のように転落の人生を歩むことになった。他の子どもたちがガンディーとカストゥルバに引き取られると、ハリラールには父親としての出番もなくなった。

菜食主義と禁欲を唱える父に反発し、ハリラールは肉を食べ、酒を飲み、女性とも親しんだ。この放埒な長男こそガンディーの弱点となっていたから、ハリラールを誘惑し利用する人は後を絶たなかった。ハリラールも禁酒して立ち直ろうと、何度か両親に約束したことがある。けれども、また酒を飲み、家を出て、借金をしてスキャンダルを起こすということを繰り返し、そのたびに父も母も悲しんだ。息子が五〇歳になったとき、イスラームに改宗してアブドゥッラーという名前になったと新聞で伝えられ、母カストゥルバは打ちのめされ、嘆き悲しんだ。

住所不定の息子だったが、居所がわかるとガンディーは手紙を出し、アーシュラムで一緒に暮らそう、正しい生活をしようと説得した。第二次世界大戦中、アガ・カーン宮殿でカストゥルバの最期が近くなったとき、南アフリカで暮らす次男以外、ハリラールも含めて三人の息子が母を見舞い、子どもたちが揃って食事をしている光景を見て、母は心から喜んだという。ところが、それも束の間、ハリラールは酔っぱらって母の前に現れ、彼女を深く悲しませた。そんなことがあり、彼女の葬儀に長男は招かれなかった。一九四四年に父が釈放され、アーシュラムに戻ったとき、ハリラールは再び禁酒をして真面目に暮らすと約束したが、まもなくアーシュラムにいた女性と結婚しようとして父の許しが得られず、最後の家出をしてしまった。

今日ならハリラールはアルコール依存症と診断されたはずである。けれども、当時はまったくそうではなかった。聖人の父親とは対照的に、意志が弱く人格的に欠陥のある人間として非難の的になった。不幸なのは、両親はもちろん、本人もそうした考え方に縛られていたことである。もしも深読みするならば、この父子には案外、多くのものが共有されていたのかもしれない。真面目に悩んで落ち込みやすい性格と、物事に一途にのめり込みやすい性格。ただ、父の方がこうした資質をマハートマに変貌していく力に変えることができたとすれば、息子の方は自分を破壊する力に費やしたのではないか。

ガンディーは、「自分がついに説得できなかったのはジンナーとハリラールだ」という言葉を残したが、自分を政敵として敵視していたジンナーはともかく、長男に対する彼の絶望は深かった。近年公になった一九三〇年代半ばのガンディーの私信から、ハリラールの娘マヌーが、八歳のときから父親にレイプされていたという衝撃的な事実も明らかになっている。マヌーは、祖父のノアカリでの行脚と「ブラーフマチャリヤ」に加わり、デリーで暗殺される最期のときまで付き添った孫娘である。

しかし、ハリラールが、偉大な父に対して抱いた絶望もまた深かったのではないか。みんなが自分の父を「バプー」(お父さん)と呼ぶ。ハリラールはそれを心底誇りに感じたことだろう。しかし同時に、幼い彼は父に捨てられ、寂しく育った。父にとっては、自分の子どもより「公の仕事」のほうが大事だった。「誰もが素晴らしいと思うはずの父だったが、僕の欲しかった父ではなかった」と、ハリラールは語ったという。

孫のラージモーハン・ガンディーは、祖父の伝記を著したとき、「大きな国の歴史のなかのガンディーではなく、四人の息子の父親であった人としてのガンディーを語ってみたかった」と書いている。彼は、ガンディーの四男デーヴダースを父に持ち、年老いた祖父もおぼろげに記憶していた。そして、次のように述べる。「インド人がガンディーをそれほどに愛した理由は、彼が自分の子どもたちを贔屓《ひいき》しなかったからである。それこそが彼の強みだった。インドを奮い立たせるためには、自分自身の子どもさえネグレクトするような指導者が必要だと、彼にはよくわかっていたのである」。

偉大な親を持つという試練を生き延びた三人の息子がいた。しかし、ハリラールは、弟たちのように幸運でも強靱でもなかった。下の三人の息子は、小さなときから父の背中を見て育つことができた。父に置き去りにされた寂しい幼子のハリラールには、それすら許されていなかった。

殉死《サクリファイス》の思想を超えて

本書では、偉人になる前のモーハンダースから筆を起こした。子どものころのガンディーは、自分がいつしかマハートマとなり、母国を独立させる大指導者になるとは想像もしなかったであろう。港町ポールバンダルにあるガンディー家の建物の屋上にある子ども部屋で、輝く朝日や夜空の星を見ながら、小さなモーハンダースはいろいろな遊びをし、さまざまな空想にふけったにちがいない。

『ガンディーの真理』を著した精神分析家E・H・エリクソンは、子ども時代の重要性を強調する。一〇歳くらいのとき、モーハンダースは『シュラヴァナ・ピトリバクチ・ナタカ』（親孝行者シュラヴァナの劇）という本を父に買ってもらい、夢中になって読んだという。『ラーマーヤナ』に基づく物語で、信心深い息子シュラヴァナが目の見えない両親を紐で背負い、巡礼の苦行を行って、いわば信仰に殉死するという筋書きである。父にせがんで、この物語の紙芝居も見に行き、「ここに、おまえが習うべき手本がある」と、モーハンダースは考えたという。

『自伝』では、「死体となったシュラヴァナにすがって嘆き悲しむ両親の姿は、今なお、わたしの記憶のなかに生き生きとしている」と告白している。

もう一つ、父が連れて行ってくれて大好きになった物語が、『ハリシチャンドラ』である。これも『ラーマーヤナ』にちなむお話で、ハリシチャンドラは北インドのアヨーディヤの賢王として知られたが、神の試練にさらされる。僧侶が現れて法外な施しを求め、彼は王国を手放して奴隷となり、妻や息子を失う。やがて火葬場で働くことになったが、そこに妻が訪れ、死んだ息子の葬儀を出してほしいと懇願する。けれども、忠実な奴隷として、ハリシチャンドラは定めのお金がなければ火葬はできないと泣く泣く断る。そこでようやく神は試練を解き、ハリシチャンドラに元通りの王国と家族を与える。

夜の明かりが灯されたラージコットの町の舞台で、煌びやかな衣装をつけ派手な化粧をした役者が、楽器の音とともに立ち回り、台詞を謳う。観客は興奮して歌を唄い、喝采を送る。モーハンダースも食い入るように見つめていただろう。やがて父を失うモーハンダースにとっては、貴重な思い出になったことは想像に難くない。

しかし、最後はハッピーエンドだとしても、苦しい話である。旧約聖書のカインとアベルの物語やヨブ記のように、信仰に厚い善人が神の理不尽な受難を受ける悲劇。モーハンダース少年は感動して泣きながら、「だれもがハリシチャンドラのように真実になれないのはなぜか」

と悩んだらしい。「真実に従うことと、ハリシチャンドラが耐え抜いた試練のことごとくを、自分でも耐え抜きたいという思いにかきたてられて、一つの理想となった」。そして、「矢もたてもたまらなくなって、わたしは幾度となく自分でハリシチャンドラを演じてみるのだった」。

これらの思い出が書かれている『自伝』は、市民不服従運動を行った後、一九二四年に収容された刑務所で執筆に着手された。「今日では、わたしの常識は、ハリシチャンドラが歴史上の人物であるはずはないじゃないか、と教えてくれる。それでもなお、ハリシチャンドラとシュラヴァナは、いずれもわたしにとって生ける実在である。そして今日ふたたび、これらの芝居本を読んだら、きっと昔と同じように感動を覚えることだろう」。シュラヴァナやハリシチャンドラの生き方は、確かにマハートマとしてのガンディーの生き方と重なるところがある。ガンディーはぼろぼろになった祖国を背負ったシュラヴァナになろうとしたのだろうか。流血の暴力と暗殺の脅威を前に、運命に翻弄されながらも信仰を守り抜く、ハリシチャンドラの姿を思い出したのだろうか。

偉人伝は、それを学ぶ後世の人々だけでなく、偉人の周りにいた人々もその後裔も、さらには偉人と呼ばれた人自身をも拘束する力を持つ。だからこそ問うべきなのは、偉人は偉人な死を遂げなければならないのか、という問いではないか。言い換えれば、崇高な理想のために捧げられる死、あるいは、自らを犠牲にする「殉死《サクリファイス》」への問いである。

平和と非暴力を唱えたガンディーの生き方の基礎に、これほど苛烈な殉死の思想があった。そのことは、暴力の連鎖を止めるという現代的な課題を前にしたとき、再考すべき点かもしれない。いかに美しく語られようとも、殉死もまた暴力的な死ではないか。そうした殉死を正当化すれば、神への信仰や真理、あるいは理想や正義のために、新たな殉死を呼び起こすことにならないだろうか。ガンディーがサッティヤーグラハのために死を恐れなかったように、ゴードセーは偉大なヒンドゥー国家のために死を覚悟して銃弾を放った。「最後の対決」は、理想に身を捧げた二人の人物による殉死のドラマだったのかもしれない。そして、路上で無意味な死を遂げたとされるハリラールは、公に語られることなく、歴史の中から忘れ去られた。

民衆が創造したマハートマ

ガンディーがインドに帰国し、チャンパーランのサッティヤーグラハを行った一九一七年から暗殺された一九四八年までの約三〇年間は、「ガンディー時代」と呼ばれてきた。独立インドを建国した国民会議派を支え、新しい国家の正統な根拠を示すためには、大政治家のガンディーが不可欠だったからである。ガンディーが死の直前まで国民会議派の新しい規約について検討し、内相パテールとカシミール問題を話し合っていたように、エリート政治の世界においても、ガンディーは類稀な才能を発揮し続けた。

しかし、「ガンディー時代」と呼ばれる理由はもう一つある。それは、ガンディーが誰よりも民衆に人気のある指導者だったことである。エリートの側から歴史を語れば、教養を積んだナショナリストが会議派を動かし、素朴な民衆を指導して独立を達成したという物語になる。けれども、そうしたエリートの言説とはまったく異なる次元で、民衆の世界では名もなき大勢の人々が、ガンディーを自分たちの指導者として選択していた。第3章で述べたチャンパーランの農民運動では、農民代表のシュクラがひとり苦労してガンディーを説得し、チャンパーランに連れてきた。チャンパーランでガンディーにサッティヤーグラハの仕事をさせ、少なくともその先導を務めさせたのは、他ならぬ土地の農民たちだったのである。

マハートマが来た！ ダルシャンを求めて，
車中のガンディーに駆け寄る民衆たち

民衆が指導者を選ぶ方法はさまざまだが、インド亜大陸で特有なものと言えるのが、「ダルシャン」(dar-shan)と呼ばれる風習である。神々しい存在をひと目見て拝み、ありがたい御利益を期待する風習である。多神教的なヒンドゥーの慣習ではあるが、宗教とは別の話であれば、イスラームも含め他の宗教の人々もありがたい存在を見に集まってくる。「彼が来るぞ」という噂が村々を走り、ガンディーが鉄道の駅に着くころには、何百、何千もの人々が仕事も家事も投げ出して集まった。この人なら自分たちのために祈り、働き、不正を正してくれるのではないか。そういう期待を胸に多くの人々が集まったことは、ガンディーが民衆の指導者になる始まりとなった。

指導者となるには、人々に親しまれなければならない。また、信頼されなければならない。そして、尊敬されなければならない。招かれたよそ者の指導者は、公私の別なく、人々に観察される。何を話すか、どんな仕事をするか、どこに泊まるか、何を食べるか、何を着るか、人々は興味津々に彼を見て噂する。ガンディーの人となりが指導者にふさわしいものかどうかを、人々はつぶさに吟味していたはずだ。ガンディーの暮らし方や振る舞い方は、都会の西欧的なエリートから見ればおかしなものに映ったが、農民たちの目からすれば、彼らの注目と親愛と信頼とを獲得する上で十分な意味をもっていた。しかも、マハーラージャやブラーフマンのように、煌びやかに着飾った古い支配者でもない。自分たちよりも質素な食事をし、召使いも使わずに自分で掃除や洗濯をし、寝る間も惜しんで仕事をしている。農民からお金も取らず、威張り散らしたりもしない。不思議な聖人だ。上等なスーツを着た政治家の姿よりも、白い粗布をまとっただけのガンディーの姿は、強烈に新鮮で、しかも親しみのあるものだったろう。

そして、ガンディーは十二分に人々の期待に応えた。言い換えれば、彼らの有能な代表であり、強力な交渉人であり、問題を解決してくれる指導者だったのである。ガンディーは短い時間に人とお金を集めてチームを組織する天才だった。地元の言語を通訳するボランティアを集め、問題を調査するためのチームを動かし、現実に困っている人々の声を聞き、記録し分析した。そのうえで、誰にもわかりやすく、実現可能な対策を示した。しかも、外国人の農園主や工場主や役人といった、対立する相手側の意見も調査し、政府から善政を引き出すような提案と交渉を行った。ガンディーの「エリート」としての力は、農民たちの権利と利益を代弁するために発揮されたのである。農民の一人は、イギリス人の役人にこう語った。

ガンディー様はラーマチャンドラのようだ。ラーマチャンドラがランカの国に行ったとき、その土地の人たちはラクシャサという悪魔の力を恐れなかった。同じように、ガンディー様が来られたのだから、自分たちもラクシャサのような地主の力を恐れない。

ラーマチャンドラとは、『ラーマーヤナ』の主人公であるラーマ王子を指している。「ラーマ様万歳」という掛け声の後には「ガンディー様万歳」という言葉が続いた。ガンディー様が来れば、役人や地主から自分たちを守ってくれる、ラーマの理想の国を実現してくれる、と。

ナショナリストの多くは、西欧的な弁護士であり、選挙や政党制によって支えられるイギリスのような近代国家の建設を目指していた。しかし、ガンディーは、見捨てられていた民衆の世界に目を開いた。どんなに貧しくても、自分で紡いだ糸で織った布を身にまとい、衣食住の基本から自立を獲得すること。それが、何億もの人々が主人公となる社会をつくる礎になる。ガンディーはそう考えていた。彼のスワラージの目的は、草の根の民衆が自分たち自身で安全で豊かな暮らしを支える、落ち着きある開かれた社会の実現であった。

ガンディー流の政治は、独立後も長く息づいていた。会議派の独裁的な政治が批判された一九七七年には、ガンディーの跡継ぎとみなされたジャヤプラカーシュ・ナラヤンが登場し、民主主義を取り戻すジャナタ(人民)運動を率いて注目された。その後、すでに述べたように、インド国内においてはガンディーが左右の勢力から強く批判され、独立後の国家と会議派の権威の失墜とともに落ちた偶像となっていった。

ところが、興味深いのは、それと反比例するように、世界各地では、市民たちの民主的な運動のシンボルとして、ガンディーが立ち現れるようになっていったことである。ポーランドの自主管理労組の「連帯」、フィリピンの黄色い革命、南アフリカのアパルトヘイト撤廃運動、ビルマのアウンサンスーチーが率いた民主化運動などは、その例である。オバマ大統領が思想的な師と仰いだキング牧師の率いたアメリカの公民権運動でも、ガンディーは非暴力思想の父として尊敬された。こうした運動は、民主主義を獲得し、民主化を進めるため、非暴力的に、言い換えれば人間の命を尊重しながら展開された。

ガンディーの日課を見ると、常人にはとてもできない、勤勉なものだったとわかる。朝は午前三時に起床し、体を清めて質素な食事をした後は、短い休みを除いて「公の仕事」に精力を注いだ。瞑想、沈黙、糸を紡ぐ時間も定めていたが、午後はひっきりなしに人々が訪ねてきて相談を持ちかけた。夕べの祈りの会は、旅をしているときにも必ず開いて人々と交流し、ともに祈った。膨大な数の手紙や電報の上に、自らの思想や意見を綴る新聞記事、そして会議派の仲間や政府に提起するための政策試案を自ら書き、入浴中にも口述筆記した。このように忙しい毎日で、睡眠時間は短く、いつも三、四時間しか眠らなかった。働きすぎないようにと言われても、「生きているからには働かなければ」と言い、殺される一〇日前には厳しい断食の直後だったにもかかわらず、糸を紡ぐチャルカを回して周囲を驚かせた。ハリラールに寂しい思いをさせたほど、超人的なワーカホリックだったとも言える。

だが、ガンディーに人気があったのは、猛烈な働き者だったからではないだろう。彼の一種の苛烈さにもかかわらず、つねに優しく温かい魅力的な人だったからだと思う。誰がどんな相談を持ちかけても静かに耳を傾け、真剣に考えて応答した。貧しい人や差別されている人に対しても、ネルーやパテールに対するのと同じように、尊敬と愛情をもって接することができた。

そして、苦しんでいる人に公平で正当な、しかも実現可能な方策を示すのが常だった。彼は微笑みや穏やかな眼差しで人をなだめ、励ますことができた。そして、ヤギをなでながら餌をやり、浜辺で子どもを追いかけ、友人に冗談を言い、朝も夕も神に捧げる歌をうたった。癇癪持ちでけっこう怒ることもあったが、ユーモアがあり、生き生きと楽しい人間的な魅力に満ちた人だった。ガンディーは人間を、生きとし生けるものを尊敬し、心から愛す能力を持っていた。

先に述べたように、ゴードセーとガンディーには共通した部分もあったが、決定的な違いがある。ゴードセーは人間嫌いで人々と触れ合うことが苦手な孤独な人だった。彼の師にあたるサーヴァルカルも孤高の暮らしをし、要塞のような堅牢な建物に住んで、ごく限られた人にしか会わなかった。彼らは頭の中で敵と味方の観念的なドラマを描いた。憎むべき「イスラーム」は悪を体現した存在であり、ガンディーは彼ら「イスラーム」を助け、ヒンドゥーを裏切る悪の支配者だという筋書きを書いた。だから「イスラーム」もガンディーも殺すべきだと考え、無法な暴力の行使を自己正当化したのである。

対照的に、ガンディーは人間が大好きだった。彼はいつも人々のなかにいて、人々の話を聞き、人々に語りかけ、人々と手を取り合って仕事をし、日々の苦楽をともにした。だからこそ、共同生活の場のアーシュラムで生涯を過ごしたのである。ガンディーにとって人間とは、観念的な人間ではない。一人ひとりが名前を持ち、家族や仕事を持ち、その人ならではの性格を持ち、傷ついたら痛みを感じる、生身の具体的な人間だったのである。

本書では、人間としてのガンディーがいかに真剣に生き、人々を正しい方向へと導くマハートマとしての役割を担って歩んだかを考えてきた。妻カストゥルバが常々言っていたように、ガンディーは神ではなかった。過ちも失敗も犯し、意図に反して彼を恨み憎む人も多々生み出した。しかし、内省を深め、並外れた努力によって自分の力を伸ばし、神あるいは運命に与えられた仕事を全うしようとした。その仕事を彼は「ダルマ」と呼び、それを成し遂げるために誰からもよく学び、しばしば神の声の到来を待った。それが、サッティヤーグラハ、つまり真理の実現であったと筆者は思う。

マハートマの死後、長い時間が経ったが、暴力の時代は苛酷さを増しながら続いているように見える。人々の心はすさみ、いじめや殺しのない世界からはほど遠い。暴力の連鎖は止められないのだろうか。その答えを探す仕事は、この時代を生きる私たちに委ねられている。

むすびにかえて

ここまで、ガンディーという人に、もう一度、人生の舞台に立って演じてもらった。My life is my message というマハートマの声が、どこからか聴こえてきた気がしている。

さて、「誰が平和をつくるのか」と、「その人はどこから来るのか」という問いを掲げて、本書を書き始めたが、いったいどんな答えが見つかっただろうか。

一つの答えは、最後まで真のスワラージを目指したガンディーは、「平和をつくる人」として生きたということである。彼は、一九世紀後半の植民地で、藩王に仕える父親とまじめな母親の下に生まれ、家族の末っ子として大事に育てられた。幼い自分の結婚に苦しんだり、イスラームの友人やイギリス人の異なる生き方に憧れて、挫折したり悩んだりしながらも、のびのびと育った青年だった。「平和をつくる人」は、そんなところからやってきた。

モーハンダースは「戦争を知らない子ども」だったし、極貧や飢えを知らずに育った。学校や家庭で、殴られ虐められて、泣きながら育った子どもでもなかった。だから暴力の中で育ったわけではない。けれども、他の人の気持ちを察する鋭い感受性を備え、その力を押しつぶされずに大きくなった。こうした優しさとそれを素直に行動に変えていく力が、やがて時代の求める指導者として自らを成長させ、苦境にある人々を救うマハートマとしての役割を果たしていく源となったのではないだろうか。同時代に生きたアドルフ・ヒトラーが、怖い父親に鞭で打たれながら、涙をこらえて大きくなったと言われるのとは対照的である。

二つの問いへのもう一つの答えがある。それは、本書に登場した、マハートマ以外の人々も、「平和をつくる人」だったということである。妻カストゥルバや彼の子どもたち、ネルーやパテールら、老いた彼の杖となったアバやマヌーなど、ガンディーの周囲には「平和をつくる人」として働いた多くの仲間がいた。

そして、名も無き民衆としてしか、本書では描き出せなかった人々も、ガンディーとともに「平和をつくる人」であった。ともに刑務所に入った南アフリカの移民労働者たち。手紡ぎ車を探し出し、カーディーを生産するまで苦労をともにした地元やアーシュラムの人々。チャンパーランで警察や農園主を怖がらずに証言し、文書に拇印した農民たち。インド独立を目指すサッティヤーグラハに人生をかけた膨大な数の人々。

歴史の舞台には、マハートマがただ一人立っていたのではない。彼の言葉を信じ、彼に従い、彼に協力する多くの人々がいた。その中には、奴隷のように苛酷な労働を強いられてきた人々、飢えと渇きに苦しむ農村で暮らす人々、そして暴力的な戦いの場から逃げてきた人々もいた。

けれども、自分自身はそこまで悲惨な状況になくても、苦しむ仲間に手を貸して、より良い社会を共同で実現しようとした、数えきれないほどの草の根の人々がいたのである。

しかも、この人々が目指したのは、武力や暴力で「敵」を倒し、それによってつくる自由や平和ではなかった。カーディーのように、優しく粘り強く、紡ぎ出すものだったのである。

一票の権利など持たず、読み書きもできない植民地の貧しい農民でさえ、マハートマの教えを学び、自分たちの指導者を選び取り、非暴力的に歴史を動かす主体となった。そうであれば、現代の民主主義を担い、さまざまな能力やリソースに恵まれた私たちには、仲間を増やし、いくつものオルタナティヴを考案し、進むべき道を選択する自由があるのではないか。ガンディーとともに歴史の中の民衆から、そうした力強いメッセージを受け取った気がする。

ずっと昔、蛇や幽霊や暗闇を怖がった幼子のモーハンダースに、子守りの女性は、「ラーマ様、ラーマ様」と唱えれば怖くないですよ、と教えてあげた。命を奪う銃弾を浴びた最期のとき、ガンディーが唱えたのは、この言葉であった。怖くないですよ、大丈夫、がんばりなさい――。「平和をつくる人」、そして「平和を紡ぐ人」を育てるということは、勇気を与えるこうした言葉を、愛情とともに次世代にバトンタッチしていくことなのかもしれない。

筆を置く前に、感謝の言葉で本書を締めくくりたい。この本の真の生みの親は、企画をくださった岩波書店の小田野耕明さんと、編集作業を一手に引き受けてくださった永沼浩一さんです。本当にありがとうございました。

また、先達の研究なくして、本書はありえませんでした。先輩や同僚の皆様に、心からのお礼を申し上げます。とくに、山崎利男先生、中里成章先生、中溝和弥さん、永野和茂さん、アチン・ヴァナイクさん、パメラ・フィルポーズさん、ウルヴァシ・ブタリアさん、深く感謝します。立教大学の先生方と職員の皆様、研究室で補助してくださった今村真紀さんと影山純子さん、講義やゼミで一緒に考えてくれた学生の方々、本当にありがとうございました。

最後に、パソコンの前から動かない筆者を見守ってくれた家族と身近な友人、そして、ご自身の書棚から古い英語版のガンディーの『自伝』を贈ってくださった、今は亡き坂本義和先生に、謹んでこの本を捧げます。

二〇一八年一月

竹中千春

本書の中でもっとも引用したのは、*An Autobiography: The Story of My Experiments with Truth* の翻訳で、マハトマ・ガンジー『ガンジー自伝』(蠟山芳郎訳、中公文庫、一九八三年初版、二〇〇七年改訂三刷)である。筆者自身のガンディー研究の原点となった訳書であり、ぜひ読んでいただきたい。ガンディーが「真理の実験の物語」という副題を付けていることも印象深いが、若き日の自分について自画像を描いたとも言えるこの本は、貴重な資料である。

ガンディー自身のナショナリズム論といえば、彼が四〇歳のときに出版した『ヒンド・スワラージ』であり、日本語訳には『真の独立への道』(田中敏雄訳、岩波文庫、二〇〇一年)がある。第一次市民不服従運動後、南アフリカ時代の資料を取り寄せながらガンディーが執筆した『南アフリカでのサッティヤーグラハの歴史』(田中敏雄訳注、全二巻、平凡社東洋文庫、二〇〇五年)も、力作である。ガンディーの関連する文章をまとめた、『わたしの非暴力』(森本達雄訳、全二巻、みすず書房、一九七〇—七一年)や『獄中からの手紙』(森本達雄訳、岩波文庫、二〇一〇年)も挙げておく。

彼の子ども時代に光を当て、マハートマの人格的な integrity を分析したのが、精神分析家エリク・H・エリクソンの『ガンディーの真理——戦闘的非暴力の起原』(星野美賀子訳、全二巻、みすず書房、一九七三—七四年)である。ナチス支配下のオーストリアから渡米したエリクソンにとって、非暴力主義は重要な課題であった。共同研究者の夫人とともにアーメダバードに滞在し、ガンディーゆかりの人々と出会った経験から説きほぐす良書である。

一九九八年、暗殺五〇年後に雑誌『タイム』に掲載された、サルマン・ラシュディの"Mohandas Gandhi", *TIME*, Apr. 13, 1998 も独特なガンディー論である。この論文では、数々の写真を題材に、人間ガンディーの成長と変貌が論じられる。ボンベイ出身のムスリムで『悪魔の詩』を著したラシュディは、イランのホメイニによって「死刑宣告」を出されたことで知られるが、このガンディー論を出した一九九八年、母国ではヒンドゥー至上主義を掲げるインド人民党(BJP)が政権を樹立した。脅しにも怯まず、歯に衣を着せず論陣を張るラシュディには、インドでもファンが多い。

インドで民主化の強い動きが起こった一九七〇年代末より登場し、南アジアの民衆史に挑んだサバルタン研究においても、膨大な数の民衆が加わったガンディー時代の歴史は、重要な研究テーマとなってきた。ラナジット・グハ、ギャーネンドラ・パーンデー、パルタ・チャタジー、ガヤトリ・C・スピヴァックらによる『サバルタンの歴史——インド史の脱構築』(竹中千春訳、岩波書店、一九九八年)をはじめ、ガヤトリ・C・スピヴァク『サバルタンは語ることができるか』(上村忠男訳、みすず書房、一九九八年)、パルタ・チャタジー『統治される人びとのデモクラシー――サバルタンによる民衆政治についての省察』(田辺明生・新部亨子訳、世界思想社、二〇一五年)、ラナジット・グハ『世界史の脱構築――ヘーゲルの歴史哲学批判からタゴールの詩の思想へ』(竹中千春訳、立教大学出版会、二〇一七年)などが、日本でも紹介されている。

ガンディーを生み出したインド亜大陸の歴史や社会も知ってほしい。山本達郎編『インド史』(山川出版社、一九六〇年)は、いまだに価値を失わない。ビパン・チャンドラ『近代インドの歴史』(粟屋利江訳、山川出版社、二〇〇一年)、スミット・サルカール『新しいインド近代史――下からの歴史の試み』(長崎暢子・臼田雅之・中里成章・粟屋利江訳、全二巻、研文出版、一九九三年)、内藤雅雄・中村平治編『南アジアの歴史――複合的社会の歴史と文化』(有斐閣、二〇〇六年)などがある。ノーベル経済学賞を受賞したアマルティア・センの『議論好きなインド人』(佐藤宏・粟屋利江訳、明石書店、二〇〇八年)もおすすめの書である。

ガンディー伝としては、同時代のヨーロッパの知識人ロマン・ロラン『マハトマ・ガンジー』(宮本正清訳、みすず書房、一九七〇年)や、ルイス・フィッシャーの伝記が有名である。インド国民会議派の指導者であったクリシュナ・クリパラーニ『ガンディーの生涯』(森本達雄訳、全二巻、第三文明社、一九七八―七九年)があり、彼の *Gandhi: A Life Revisited* (1983)の巻末年表は本書でも参照した。新しくは、社会思想家ラーマチャンドラ・グハが著した *Gandhi before In-*

dia(2014)は、彼の『インド現代史　一九四七—二〇〇七』(佐藤宏訳、全三巻、明石書店、二〇一二年)とともに参考になる。ガンディーの孫で、作家、平和活動家であり、最近はデリーを拠点とする新党AAP(庶民党)の政治家としても活動するラージモーハン・ガンディーの*Mohandas: A True Story of a Man, his People and an Empire*(2006)は、本書でも引用したが、前作の*The Good Boatman: A Portrait of Gandhi*(1995)とともに読み応えがある。

日本の著者によるガンディー論は数多いが、森本達雄『ガンディーとタゴール』(第三文明社、一九九五年)、内藤雅雄『ガンディー　現代インド社会との対話——同時代人に見るその思想・運動の衝撃』(明石書店、二〇一七年)を挙げておきたい。また、山折哲雄『ブッダは、なぜ子を捨てたか』(集英社新書、二〇〇六年)は、ガンディーとハリラールの関係を考える上で示唆に富んだ著作である。学術研究を目指す方々は、Judith M. Brown, Dennis Dalton, David Arnold, David Hardiman, Stanley Wolpert, Anthony J. Parel などの著書をあたってほしい。ガンディーの盟友C. F. Andrews の伝記や、辛口批判の Ved Mehta の本も興味深い。Shahid Amin, "Gandhi as Mahatma", *Subaltern Studies*, Vol. 3(New Delhi, 1984)は本書でも言及した。

「塩の行進」について、著者自身も一年の同じ時期に同じルートで歩き、当時のサッティヤーグラヒーや地元の後裔の人々の話を聞いて著したThomas Weber, *On the Salt March: The Historiography of Gandhi's March to Dandi*(1997)は、本書でも引用した。

チャンパーランの地のサッティヤーグラハに参加し、独立インドの初代大統領となったラージェンドラ・プラサードの *Satyagraha in Champaran* (1949) は、ウェブ上でも参照できる。また、インドの大映画監督サタジット・レイは、英領インドの社会を描いた「オプー三部作」(『大地のうた』『大河のうた』『大樹のうた』)で知られるが、彼の小説『インディゴ』(*Neel-Atanka*, 一九六八年)は、衰退する藍農園を舞台にしたミステリーとしておもしろい。

ガンディー晩年の分離独立と宗教暴力について、ドミニク・ラピエール、ラリー・コリンズ『今夜、自由を——インド・パキスタンの独立』(杉辺利英訳、早川書房、一九七七年)、ウルワシー・ブターリア『沈黙の向こう側——インド・パキスタン分離独立と引き裂かれた人々の声』(藤岡恵美子訳、明石書店、二〇〇二年)。ガンディー暗殺については、本文でも紹介した、Ashis Nandy, "Final Encounter: The Politics of the Assassination of Gandhi", *At the Edge of Psychology: Essays in Politics and Culture* (New Delhi, 1993) が参考になる。

ガンディーは、「ガンディーヤナ」(ガンディー伝)が国家の下で編纂されるほど、政治的に尊重された人物で、当然、多くの資料が残されている。インド政府監修の九八巻に及ぶ『ガンディー著作集』(*Collected Works of Mahatma Gandhi*)は圧巻であり、現在では「Mahatma Gandhi Sevagram Ashram」のサイトから無料でダウンロード可能で、キーワードで検索もできる。

本書でも利用したが、以下のようなガンディー関係の博物館や研究機関などのウェブ上のサイトからも、文献や写真が参照できる。彼の最後の滞在地となったニューデリーのビルラー邸、葬儀の後に建立されたラージ・ガート、グジャラートでは生家のあるポールバンダル、子ども時代を過ごしたラージコット、アーシュラムのあったサバルマティ、ムンバイで彼の居所となったマニ・バワン、そのほかガンディーと彼の指導した運動ゆかりの地には多くの博物館がある。インドを旅されるときには、これらをぜひ訪ねていただきたい。

映画も紹介しよう。まずは、リチャード・アッテンボロー監督『ガンジー』(イギリス=インド、一九八二年)である。また、映画大国インドの作品もぜひ観てほしい。最近の作品としては、分離独立の暴力を取り上げたカマル・ハッサン監督『ヘイ・ラーム』(*Hey Ram*, インド、二〇〇〇年)、認知症の父を主人公としたJ・バルーア監督『私はガンディーを殺していない』(*Maine Gandhi Ko Nahin Mara*, インド、二〇〇五年)、長男ハリラールに光を当てたフェローズ・アッバース・カーン監督『ガンジー、我が父』(*Gandhi, My Father*, インド、二〇〇七年)。カナダのインド系女性監督ディーパ・メータ監督の『とらわれの水』(*Water*, インド=カナダ、二〇〇五年)や『一九四七年・大地』(*Earth*, インド=カナダ、一九九八年)は、寡婦差別や分離独立などの問題からガンディーの時代を描き出す傑作である。

ガンディーは、自らの文章や行動の記録と、後に続く人々の創造的な仕事を通して、今も私たちに語りかけている。読者の方々にも、ぜひその輪に加わっていただければ幸いです。

第3章
政権欲
―第1次イタリア戦役―

アントワーヌ＝ジャン・グロ作『アルコレ橋のボナパルト将軍』1797年，ヴェルサイユ宮殿美術館蔵．

第1次イタリア戦役中の1796年11月，ヴェネツィア共和国内のアルコレ沼沢地でおこなわれた，オーストリア軍との戦闘が描かれている．ナポレオンみずからが軍旗を握りしめ，兵士を鼓舞しながら先頭に立って橋を渡ろうとしている．

流行絵画の様式が19世紀前半に，調和や均整のとれた表現を特徴とする新古典主義から，躍動感を特徴とするロマン主義へと移行する．ナポレオンの油彩肖像画としては最初のものであるこの絵は，ロマン主義絵画の先駆けとして，現在でも美術史家たちから高い評価を得ている．